Pequeno Manual de
Redação

Leandro Leiroz

Pequeno Manual de
Redação

2ª edição (revista)
2020

Dados Internacionais de Catalogação na Publicação (CIP)
Ficha Catalográfica Feita Pelo Autor

L531p   Leiroz, Leandro
        Pequeno Manual de Redação / Leandro Leiroz. – Niterói: Editora
Gato de Biblioteca, 2019.

    189 páginas

    ISBN: 9798657460803

    1. Redação. I. Leiroz, Leandro. II. Título.

CDD: 372.623
CDU: 808.1

Edição

Dagner Leal

Revisão

Leandro Leiroz

Dagner Leal

Capa

Dagner Leal

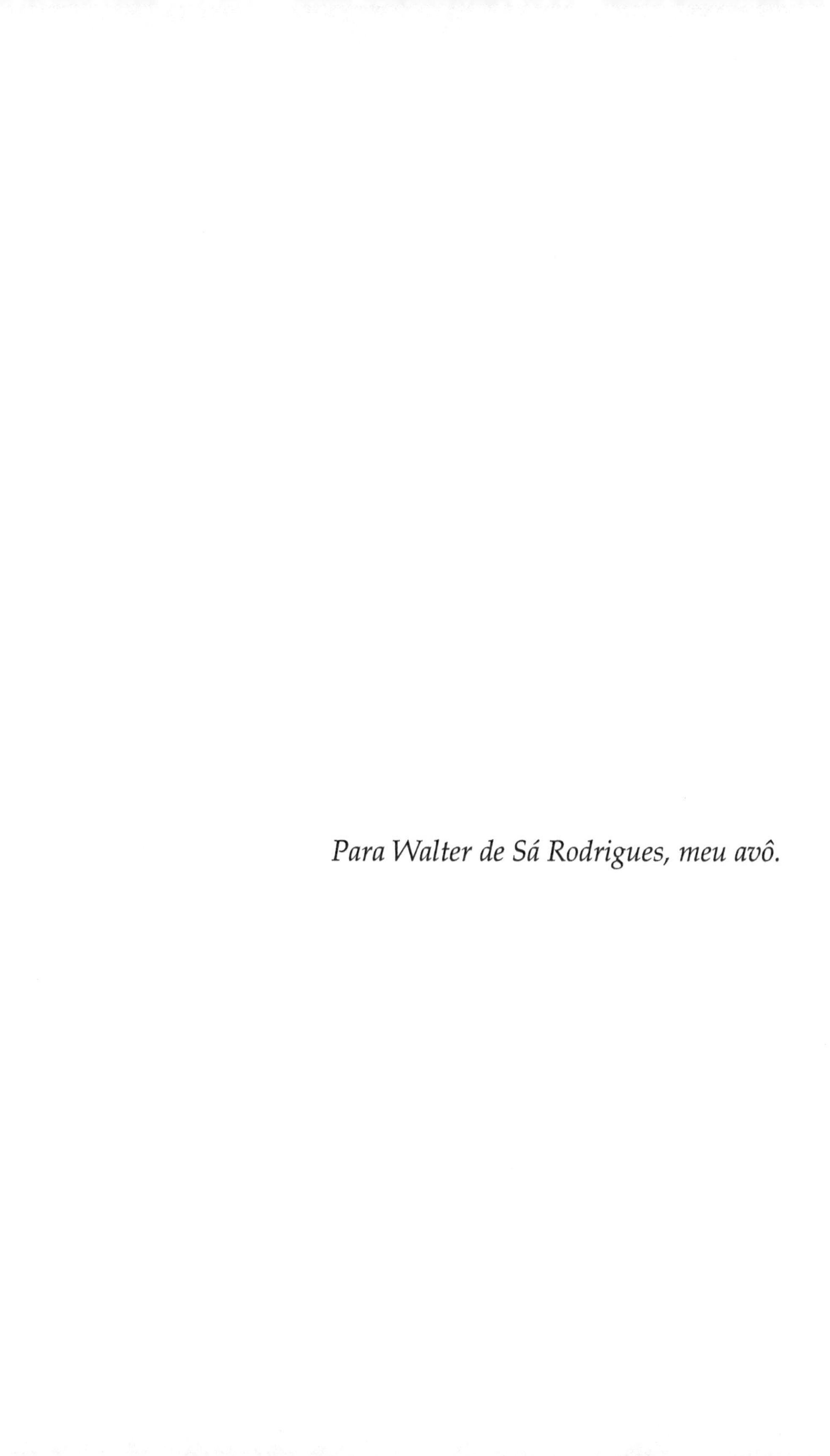

Para Walter de Sá Rodrigues, meu avô.

Índice

Algumas palavras iniciais

Este livro, materialização de um sonho e fruto de muita pesquisa e esforço, foi escrito para pessoas que querem ou precisam aperfeiçoar suas habilidades de escrita. Cada capítulo desta obra pretende funcionar como um tijolinho que, junto com outros tijolinhos, tem o potencial de realizar construções que vão de uma mera casinha a um edifício de grandeza inimaginável – ambas construções, espera-se, igualmente fortes e resistentes às mais violentas intempéries.

Muita gente desiste da pena – ou, no mundo contemporâneo, do teclado – porque considera não ter talento para escrever. Não posso negar que, talvez, essas pessoas não tenham nascido com o mesmo dom de Machado de Assis ou de Clarice Lispector, mas tampouco posso abster-me de informar-lhes que elas podem, sim, escrever – mesmo em condições de "talento não identificado"! Para que elas possam redigir bons textos, basta que estudem e que ponham em prática pelo menos algumas das incontáveis técnicas de redação que existem e que estão ao nosso alcance.

Não pretendo insinuar, ao escrever este *Manual*, que sou um grande escritor. Não tenho romances publicados, não mantenho um diário pessoal e não escrevo poemas. O que pretendo é, na realidade, mostrar ao leitor que o ato de escrever consiste, acima de tudo, em um exercício que se aprende.

Todos podemos escrever. Para isso, só precisamos de três itens básicos: assunto, criatividade e técnica. O talento, sempre muito bem-vindo em todos os lugares e em todas as ocasiões, fica valendo como um item muito especial (apesar de sobressalente), cujas funções principais são conferir destaque àqueles que o possuem e inspirar aqueles que nasceram com outros dons que não o da escrita.

Este livro entra com a técnica. Você entra com o assunto e, sobretudo, com a criatividade, que deve voar tão livre quanto voarão, um dia, os seus textos, quando forem lidos por quem você menos imagina. Portanto, mãos à obra!

Para quem é este livro?

Este *Pequeno Manual de Redação* foi pensado para adultos – sejam eles estudantes universitários ou de quaisquer outros contextos – que queiram ou precisem aperfeiçoar sua forma de conceber as mais variadas categorias de textos.

Os capítulos aqui presentes não se destinam, portanto, a alunos muito jovens (dos ensinos fundamental e médio), nem a pessoas leigas. Este livro se destina menos ainda a especialistas. O público-alvo encontra-se, então, aí no meio, compondo-se de pessoas que já escreveram bastante (ao longo de sua formação escolar ou fora dela) e que ainda mantêm contato com o mundo da produção textual, mas que desejam aprender as técnicas de redação com um pouco mais de rigor e de profundidade.

Tendo esse público em mente, tive um certo cuidado com a terminologia apresentada nas seções teóricas das aulas. Abstive-me de usar termos muito complexos ou demasiadamente especializados (tais como *dêixis*, *modelo de leitura 'top down'*, *semiótica*, *estrutura profunda* etc.), que seriam mais úteis aos profissionais de letras e aos linguistas.

Não estou dizendo, porém, que este livro não possa ou não deva ser adotado por um estudante de letras. O que de fato quero dizer é que este não é um livro voltado para esse curso ou para essa área do conhecimento em específico, mas para o público em geral, que pode estar, talvez, fora da universidade. Note-se que tampouco estou dizendo que este livro não contém nomenclatura. Pelo contrário: aqui, o leitor encontrará uma vasta quantidade de termos técnicos que o ajudarão a compreender os processos de planejamento e escrita de um texto, sempre em doses que considero ideais e sem aprofundamentos com pouco ou nenhum propósito.

Ainda sobre a terminologia, é importante dizer que optei por generalizações, evitando contrastar as diversas teorias que se dedicam a um mesmo tema. Evito explicitar, desta maneira, aquilo que um ou outro especialista diz acerca de um determinado assunto. Não menciono, por exemplo, que os tipos textuais podem ser três, quatro ou até cinco, pois isto varia de uma teoria para outra ou até mesmo de um especialista para outro.

As explicações que dou ao longo do *Manual* são, portanto, mais genéricas, mas estão em concordância – espero – com a forma de pensar de um grande número de profissionais da língua. Sendo assim, prefiro dizer, por exemplo, que existem cinco tipos de texto – exatamente como fazem quase todos os manuais de redação e livros didáticos da atualidade, que igualmente optam por não mencionar que, para alguns teóricos, pode haver uma quantidade diferente de tipos textuais.

Observe que a generalização ou simplificação mencionada anteriormente não tem o objetivo de esconder a pluralidade de correntes teóricas que existem, assim como não pretende subestimar a inteligência daqueles que se referem a este *Manual*. O que tal simplificação realmente pretende é apenas adequar o conteúdo do livro ao seu público-alvo, que é composto por pessoas que precisam de uma orientação imediata que os leve a compreender o processo de escrita e, principalmente, a escrever melhor.

Por fim, faço um alerta para que não confundam este livro com uma gramática normativa. O que este livro pretende é, entre tantas coisas, mostrar que um bom texto sempre se adequa ao seu público-alvo, recorrendo à norma culta da língua apenas quando a situação e esse próprio público o exigem. As gramáticas prescritivas muito nos ajudam a escrever, mas, justamente por abordarem, geralmente, uma única forma da língua – a padrão –, elas não substituem os manuais de redação, assim como os manuais não tomam o lugar das gramáticas.

Como usar este livro?

O *Pequeno Manual de Redação* pode ser usado das mais diversas formas: como método a ser aplicado em um curso de redação; como material de consulta ou referência; como texto-base para estudo individual na modalidade autodidata; e, por fim, como material de reforço em um curso que já adota outra obra.

Por ser não consumível – isto é, por demandar o uso de um caderno ou de um computador para a realização das atividades propostas –, o livro pode ser usado diversas vezes pelo mesmo aluno ou por alunos diferentes.

Para aproveitar este *Pequeno Manual* da melhor maneira possível, é importante que você entenda a forma como ele foi estruturado. Observe, a seguir, as seções que você poderá encontrar em cada capítulo:

- **Texto teórico** – Aqui se encontrarão explicações detalhadas (mas nunca exaustivas) e diversos exemplos práticos para cada um dos conteúdos apresentados. Note que, nesta seção, algumas palavras aparecem em negrito – o que significa que o termo é de suma importância para a compreensão do tópico que está sendo abordado. Observe também que, por questões de praticidade e objetividade, a expressão "texto teórico" não aparece nos capítulos.

- **Exercícios** – Nesta parte do capítulo, são propostas diversas atividades que visam a fixar e a estender o conteúdo abordado na lição. Algumas tarefas são puramente teóricas – isto é, demandam conhecimento da nomenclatura apresentada ou uma reflexão metalinguística sobre os temas propostos –, enquanto outras são mais práticas – ou seja, voltadas para a aplicação da teoria em contextos de uso real das técnicas introduzidas no capítulo. Para cada informação teórica introduzida no texto teórico, há pelo menos um exercício correspondente. Alguns conceitos (geralmente de baixa complexidade) são explicados nos enunciados das atividades, e não no texto teórico – o que contribui para que a seção de exercícios fique mais rica e, ao mesmo tempo, desafiadora.

- **Proposta de redação** – Trata-se de um convite à prática da escrita. Nesta seção, o aluno deve produzir um texto que esteja de acordo com o tema e com o gênero que lhe são propostos. Aqui o aluno também encontra, na subseção intitulada **Orientações adicionais**, uma série de instruções e recomendações que pretendem auxiliá-lo a executar a tarefa sugerida.

Como você pode observar, os capítulos deste livro – chamados aqui de *aulas* – possuem uma estrutura bem simples. Alguns temas muito extensos foram desmembrados em duas ou mais aulas, de modo que nenhum capítulo ficasse excessivamente longo. A coesão textual, por exemplo, rende assunto suficiente para um curso inteiro, o que me levou a diluí-la em três aulas neste *Manual*. A pessoa que fizer uso deste livro para fins de consulta deverá, portanto, atentar-se para o número de aulas dedicadas ao tema que deseja pesquisar.

Ao passar pelas três seções de uma aula[1] (*Texto teórico, Exercícios* e *Proposta de redação*), espera-se que o leitor tenha adquirido uma quantidade razoável de conhecimentos sobre o tema abordado e, principalmente, que ele seja capaz de aplicar, em seu próprio processo de escrita, as técnicas apresentadas (ou pelo menos algumas delas). O que não se espera, obviamente, é que o aluno, através do simples uso deste livro, se transforme em um perito no tema abordado.

Com as explicações que foram dadas, espero que todos percebam que este livro serve apenas como ponto de partida, nunca como ponto de chegada. Isso significa que, após todo o trabalho feito com cada aula, o tema proposto poderá ser ampliado ou aprofundado das mais diversas formas. Sugiro que o usuário deste *Manual* tenha à sua disposição alguns bons dicionários, boas gramáticas e – por que não? – outros manuais de técnicas de redação. O importante é seguir adiante depois de passar por aqui, sem dar a tarefa como concluída.

Desejo aos que usarem este livro muita inspiração, um bocado de criatividade, bastante vontade de escrever e, sobretudo, uma curiosidade e uma vontade de aprender insaciáveis.

O estudo é uma chave mestra. Vamos abrir portas?

Leandro Leiroz

---

[1] A seção "Proposta de redação" pode não aparecer em algumas aulas, bem como pode aparecer duas vezes em outras.

Aula 1

Os gêneros textuais

Antes de redigirmos um texto, precisamos levar em consideração as seguintes questões:

a. Para quem estamos escrevendo? A qual faixa etária pertencem os nossos leitores? Quais são suas características comportamentais? Com qual finalidade eles leem o nosso texto?

b. Que outros textos possuem as mesmas características do texto que pretendemos produzir? Em outras palavras, quais textos consumidos por nós, na posição de leitores, poderiam servir de modelo para o texto que queremos redigir?

As respostas a essas perguntas podem ajudar a definir o **gênero** mais adequado ao texto que pretendemos escrever.

Quando falamos em gênero, pensamos imediatamente nos conceitos de classe ou espécie. Ao atribuirmos um gênero a um elemento qualquer, estamos classificando esse elemento em uma determinada categoria. Vários elementos que apresentam as mesmas características pertencem, portanto, ao mesmo gênero.

Para exemplificar o conceito de gênero de uma forma

bastante prática, podemos falar de cinema. Todos os filmes aos quais assistimos pertencem a algum gênero: comédia, comédia romântica, romance, drama, ficção científica, terror etc. É muito comum que as pessoas tenham os seus gêneros favoritos – o que nos permite dizer que cada gênero é voltado a um público específico.

Assim como os filmes, os textos escritos podem ser classificados em gêneros. Os textos pertencentes a um determinado gênero são voltados a um **público-alvo** específico (o qual se identifica com o gênero em questão), além de possuírem inúmeras características em comum – entre as quais podemos mencionar a **extensão** (em número de palavras ou de páginas), as **fontes tipográficas** usadas, o **nível de linguagem** empregado (formal ou coloquial) e o **meio** ou **veículo** em que o texto é publicado ou veiculado (revista, jornal, *site*, *blog*, prova de escola, livro didático, manual de instruções, folheto etc.).

Pensemos em um texto com as seguintes características: destina-se a pessoas que pretendem cozinhar um determinado prato ou sobremesa; é curto; pode apresentar as mais diversas fontes tipográficas; é redigido na norma culta; é objetivo; usa uma sequência de verbos no modo imperativo (como *frite*, *refogue*, *doure*...) ou no infinitivo (*fritar*, *refogar*, *dourar*...); pode vir acompanhado de ilustrações ou fotografias que mostrem o aspecto final do prato ou da sobremesa em questão; é veiculado em livros de culinária, *sites* e *blogs*. De que gênero textual estamos falando? Certamente você pensou no gênero **receita**.

Como você pode perceber, todas as receitas (ou a maioria delas) apresentam várias das características listadas anteriormente.

Isso significa que todos os textos que seguem esse modelo estão enquadrados no gênero textual receita.

Os gêneros textuais são inúmeros. Como seria impossível listar todos eles, citemos apenas alguns: bilhete, cardápio ou menu, carta comercial, carta pessoal, conto, conto de fadas, crônica, diário pessoal, editorial, *e-mail* comercial, *e-mail* pessoal, fábula, horóscopo, notícia, piada, poema, prefácio, receita culinária, relatório, resenha crítica, romance, texto didático, verbete de dicionário e verbete de enciclopédia.

Quando somos leitores, é primordial identificarmos o gênero ao qual pertence o texto que estamos lendo. Sem essa identificação, uma grande parte da informação contida no texto pode ficar comprometida. Assim como não podemos confundir o *trailer* de um filme com o próprio filme em sua integridade, não podemos confundir um conto (ficcional por natureza) com uma notícia jornalística (que por essência se refere somente à realidade). Um bom leitor sabe, portanto, que nenhum texto deve ser interpretado sem que se saiba a qual gênero ele pertence.

Da mesma forma, é essencial que nós, na posição de produtores de textos, tenhamos em mente o gênero de qualquer texto que pretendamos escrever. Se queremos redigir algo, nosso ponto de partida deve ser a identificação do gênero pretendido. Durante a redação, precisamos aplicar no nosso texto as características do gênero escolhido.

Observe que nada disso significa abrir mão da nossa criatividade ou mesmo da nossa liberdade. Por mais livres que queiramos ser durante o nosso processo de escrita, todo texto que produzirmos terá, inevitavelmente, uma série de características. Se tais características forem inéditas, isso significará que um novo gênero textual foi criado – e também que muitos outros textos seguirão o mesmo modelo e pertencerão, portanto, a um gênero novo.

Se, por outro lado, tais características não ficarem bem demarcadas, nosso leitor não chegará a uma conclusão acerca do gênero do texto que está lendo – o que pode acarretar problemas que vão dos mais simples (como uma impossibilidade de compreensão do texto) aos mais complexos (como um mal-entendido ou até mesmo uma ofensa acidental).

EXERCÍCIOS

1. Que elementos podem ser observados para que possamos definir o gênero de um determinado texto?

2. Leia os trechos a seguir. Não leve em consideração a fonte tipográfica utilizada, que nas reproduções abaixo será a mesma para todos os trechos. Defina o gênero de cada texto.

a. Era uma vez uma doce menina a quem todos chamavam Chapeuzinho Vermelho. Ela recebeu esse nome porque sempre usava uma capa que lhe havia sido dada por sua adorada avó. (...)

b. (...) A Lebre vivia debochando da Tartaruga. (...)

c. (...) Para sintonizar os canais digitais, aperte o botão *menu* do controle remoto. Na tela, selecione as opções *menu > sintonizar canais > procurar canais digitais*. (...)

d. Estou em horário de almoço. Volto às 14:00. Grata.

e. (...) Se não deseja continuar recebendo nossas mensagens, clique em <u>*unsubscribe*</u>.

f. **redação** *substantivo feminino* 1. ato ou efeito de redigir, de escrever com ordem e método. (...)

3. Quais são as principais características de cada um dos seguintes gêneros textuais?

a. bilhete

b. cardápio ou menu

c. diário pessoal

d. editorial

e. fábula

f. horóscopo

g. notícia

h. poema

i. reportagem

j. resenha crítica

k. romance

4. Leia o fragmento de um texto escrito por Machado de Assis para responder à questão a seguir.

Memórias Póstumas de Brás Cubas

A primeira edição destas *Memórias Póstumas de Brás Cubas* foi feita aos pedaços na Revista Brasileira, pelos anos de 1880. Postas mais tarde em livro, corrigi o texto em vários lugares. Agora que tive de o rever para a terceira edição, emendei ainda alguma coisa e suprimi duas ou três dúzias de linhas. Assim composta, sai novamente à luz esta obra que alguma benevolência parece ter encontrado no público.

(ASSIS, Machado de. *Memórias Póstumas de Brás Cubas*. Disponível em: <http://www.dominiopublico.gov.br>. Último acesso em dezembro de 2018)

A que gênero textual pertence esse texto de Machado? Assinale a <u>única</u> opção correta.

A. artigo científico

B. conto

C. dedicatória

D. notícia

E. poema

F. prefácio

G. reportagem

H. dissertação argumentativa

PROPOSTA DE REDAÇÃO I

Imagine que você trabalha na redação de um importante *site* sobre cinema. Escreva uma **resenha crítica** de algum filme da sua escolha.

Orientações adicionais

Comece pelo início: assegure-se de entender o termo "resenha" e, principalmente, a variante "resenha crítica". Leia algumas resenhas de filmes, até que as características mais básicas desse gênero textual fiquem bem claras para você.

Uma recomendação: sempre que você não estiver familiarizado/a com o gênero textual proposto, leia diversos textos pertencentes a esse mesmo gênero e oriente-se por eles. Observe o que todos eles têm em comum – isto é, descubra quais são as características essenciais do gênero textual em questão, incluindo o número de palavras ou de páginas, a diagramação, o uso de ilustrações, o registro (formal ou informal), as fontes empregadas (com serifas ou sem serifas, coloridas ou não, grandes ou pequenas etc.) e a pessoa do discurso (primeira ou terceira), entre tantas outras.

Em seu texto, dê algumas informações básicas sobre o filme a ser comentado: diga quem o dirigiu ou produziu, em que país foi feito, qual é o tempo de duração, quem faz parte do elenco, onde o filme se encontra disponível, qual é o argumento da história etc. Não dê *spoilers*! Isto é, não revele partes importantes do enredo e não diga como se dá o desfecho da trama, pois resenhas críticas podem ser lidas tanto por pessoas que já assistiram ao filme quanto por pessoas que ainda não o fizeram.

Algumas pessoas leem resenhas, inclusive, para decidir se vão ou não assistir a um determinado título. Sendo assim, é primordial que você deixe bem clara a sua posição com relação ao título resenhado: vale ou não vale a pena assisti-lo? Se você desejar atribuir um número de estrelas ao filme assistido (ou qualquer outro recurso que surta o mesmo efeito, como notas numéricas, aplausos, tomates etc.), certifique-se de que o seu leitor seja informado de todos os critérios adotados por você (como o número máximo de estrelas que podem ser atribuídas a um filme, a nota máxima que pode ser dada, o que significam os tomates nesse contexto etc.).

PROPOSTA DE REDAÇÃO II

Você comprou um produto na internet e gostaria de compartilhar com outros usuários da loja on-line a sua opinião sobre o item que você recebeu. Escreva uma **resenha** do produto adquirido.

Orientações adicionais

Uma resenha de produto é um texto sobre as características do produto resenhado e sobre a experiência que se teve com aquele produto. Caso você realmente tenha comprado algo na rede recentemente, a tarefa proposta será mais objetiva. Caso não tenha comprado nada, imagine toda a situação.

Antes de começar a sua resenha, identifique qual é a sua opinião do produto de uma forma geral. Valeu a pena adquiri-lo ou foi uma perda de dinheiro? Você recomenda o produto a outros consumidores ou não?

Ao longo do seu texto, mantenha a cordialidade. Por pior que seja o produto resenhado, lembre-se de que a sua intenção não é prejudicar o fabricante ou expressar sua raiva. Além disso, é possível que outros usuários tenham experiências diferentes da sua ao utilizarem o mesmo produto.

Por fim, justifique o seu ponto de vista. O leitor de uma resenha de produto costuma estar à procura de informações detalhadas, e não de opiniões vagas.

Aula 2

Os tipos textuais

Como vimos na aula anterior, os gêneros textuais são inúmeros. Os **tipos textuais**, por sua vez, são poucos. Para sermos mais precisos, são cinco:

1. narrativo;
2. descritivo;
3. argumentativo;
4. expositivo ou explicativo;
5. instrucional ou injuntivo.

É importante atentarmos para o fato de que todo texto possui tanto um gênero quanto um tipo – o que equivale a dizer que, para cada tipo textual que existe, são vários os gêneros possíveis. As duas classificações (gênero e tipo) não se excluem, mas se complementam.

Vejamos cada tipo textual separadamente.

Texto narrativo

É aquele que tem por base um fato ou uma ação. Marcado pela temporalidade, o texto narrativo apresenta uma progressão temporal (em ordem cronológica ou desorganizada), além de fazer uso de diversos tempos verbais (principalmente o pretérito perfeito ou o presente do indicativo) e também de advérbios de tempo e de lugar. O **romance** e o **conto** são bons exemplos de gêneros textuais pertencentes ao tipo narrativo.

Como este *Manual* possui uma aula inteiramente dedicada aos textos narrativos (a de número 12), não serão dados mais detalhes sobre o assunto neste primeiro momento.

Texto descritivo

É permeado de apresentações dos mais diversos elementos. Em outras palavras, o texto descritivo mostra como é um determinado ser (uma coisa, um animal, uma pessoa ou qualquer outro elemento que possa ser descrito) em um dado momento de sua existência. Nos textos descritivos, observa-se o emprego de adjetivos referentes a tamanho, cor, textura, gosto e opinião. Prevalecem o presente ou o pretérito imperfeito do indicativo. Um exemplo de gênero que se enquadra no tipo descritivo é a **seção "Quem sou?"**, muito encontrada em *blogs* pessoais, ou a **seção "Quem somos"**, encontrada em *sites* corporativos.

Texto argumentativo

É aquele que pretende convencer ou persuadir o leitor a concordar com as ideias presentes no texto ou a tomar alguma atitude. Para alcançar tal objetivo, o texto argumentativo faz uso de uma progressão lógica de ideias e de uma intensa apresentação de argumentos. Além disso, esse tipo de texto recorre a muitos exemplos (reais ou supostos) que visam a fortalecer a defesa de um ponto de vista. Estruturalmente, o texto argumentativo se organiza através do uso de advérbios e conjunções. O **sermão** é um exemplo de gênero pertencente ao tipo argumentativo.

As características de um texto do tipo argumentativo dependem diretamente do gênero textual em que ele se insere. Um **artigo de opinião**, por exemplo, pode ser bastante diferente de uma **dissertação escolar**. Ainda assim, os variados gêneros pertencentes ao tipo argumentativo possuem diversas características em comum. Vejamos algumas a seguir:

- Estruturação segmentada em **introdução**, **desenvolvimento** e **conclusão**: trata-se de um modelo clássico de organização sequencial das ideias apresentadas no texto. Vale lembrar que a conclusão mencionada aqui é aquela que conclui o texto, não aquela que encerra o assunto definitivamente. Um texto pode perfeitamente chegar ao fim sem que se encontre uma solução para o problema apresentado. Algumas vezes, o autor do texto chega a atribuir ao leitor um papel ativo com relação à questão levantada pelo texto, propondo que ele pense em alguma proposta de intervenção.
- **Prosa**: trata-se, no que diz respeito à forma, da estruturação do texto em parágrafos. Um **parágrafo**, por sua vez, é uma ideia completa materializada sob a forma de um conjunto de frases dispostas em linhas.

- **Tópico frasal**: é a frase que introduz a ideia central de um parágrafo. O tópico frasal faz uma generalização sobre o assunto do parágrafo, antecedendo as frases que abordam o mesmo assunto de maneira detalhada ou específica.

- Fornecimento de **dados**: trata-se do recurso em que o autor coleta e apresenta explicitamente alguns dados acerca do assunto abordado. Tais dados podem ser numéricos (quantidades precisas, percentuais, frações etc.) ou informações de quaisquer outras modalidades.

- **Exemplificação**: trata-se do recurso em que o autor ilustra algum assunto abordado no texto através do uso de **exemplos reais** ou **exemplos hipotéticos**.

- Uso de **argumentos**: é o recurso que permite ao escritor sustentar um ponto de vista ou uma opinião. Sem a inserção de argumentos, não é possível produzir um texto de tipo argumentativo.

- **Polaridade**: trata-se da presença de elementos opostos ou conflitantes, tais como prós e contras; vantagens e desvantagens; concordância e discordância; posicionamento a favor e posicionamento contrário; ponto de vista do autor e ponto de vista de terceiros etc.

- **Proposta de intervenção**: trata-se, como o nome sugere, da apresentação de uma possível solução para a problemática abordada no texto.

Quase todas as aulas deste *Manual* podem auxiliar na produção de textos argumentativos, o que justifica a ausência de um capítulo dedicado exclusivamente a essa tipologia textual.

Texto expositivo ou explicativo

É aquele que procura dar informações que o leitor necessita obter ou aprender. O objetivo de um texto expositivo ou explicativo é, portanto, transmitir ao público-alvo algum conhecimento do qual ele não dispunha previamente. Esse tipo de texto está repleto de conceitos, definições, explicações e classificações. O **texto didático** (como este que você está lendo neste exato momento) é um exemplo de gênero do tipo expositivo ou explicativo.

Texto instrucional ou injuntivo

É aquele que mostra como executar uma tarefa passo a passo. Como o texto instrucional ou injuntivo ordena, pede, manda ou exige que se faça algo, é normal que sejam usados muitos verbos no modo imperativo (*instale*, *aperte*, *pressione*, *desligue*...) ou no modo infinitivo (*instalar*, *apertar*, *pressionar*, *desligar*...), que pode ser empregado com a mesma função. O **manual de instruções** é um ótimo exemplo de gênero que pertence ao tipo instrucional ou injuntivo, pois nele encontram-se instruções (com muitos verbos empregados no imperativo ou no infinitivo).

É importante saber que alguns textos injuntivos podem dar instruções com finalidades diferentes das descritas acima. Os **textos publicitários**, por exemplo, recorrem a essa modalidade de texto com a finalidade de persuadir (tendo, portanto, um caráter apelativo). Os **editais**, as **leis** e os **regulamentos**, por sua vez, têm a finalidade de exigir que uma determinada conduta seja adotada (tendo, assim, um caráter prescritivo ou coercitivo).

EXERCÍCIOS

1. Qual é a diferença entre os conceitos de gênero textual e tipo textual?

2. Associe os tipos textuais às suas definições.

(1) Texto argumentativo

(2) Texto descritivo

(3) Texto expositivo ou explicativo

(4) Texto instrucional ou injuntivo

(5) Texto narrativo

a. _______ É aquele que expõe ou detalha os mais diversos elementos, especificando as suas características (aparência, tamanho, função, condição etc.) em um dado momento de sua existência.

b. _______ É aquele que tem um caráter imperativo (de dar ordens) a fim de mostrar ao leitor como executar uma tarefa passo a passo. Também pode ser aquele que pretende convencer ou persuadir o leitor a concordar com as ideias presentes no texto ou a tomar alguma atitude.

c. _______ É aquele que procura dar informações que o leitor necessita obter ou aprender.

d. _______ É aquele que tem por base um fato ou uma ação, além de ser marcado pela temporalidade.

e. _______ É aquele que faz uso de uma progressão lógica de ideias a fim de persuadir o leitor.

3. Dê exemplos (dois, pelo menos) de gêneros textuais para cada um dos tipos textuais listados a seguir.

Exemplo: textos narrativos – *fábulas, contos de fadas e crônicas.*

a. textos descritivos

b. textos argumentativos

c. textos expositivos ou explicativos

d. textos expositivos

e. textos narrativos

4. Indique o tipo textual a que pertence cada um dos grupos de gêneros textuais a seguir. O primeiro item já está resolvido.

	GÊNEROS TEXTUAIS	TIPOS TEXTUAIS
a.	relato, crônica, conto, conto de fadas, fábula, piada	*tipo narrativo*
b.	receita culinária, horóscopo, manual de uso de um brinquedo, regras de um jogo, manual de instalação de um programa de computador, propaganda	
c.	verbete de dicionário, verbete de enciclopédia, bula de remédio	
d.	editorial de jornal ou revista, resenha crítica, redação dissertativa, ensaio	
e.	legendas para deficientes auditivos, cardápio	

5. Imagine que você precisará redigir alguns textos argumentativos. Faça alguns esboços que trabalhem com a polaridade presente nos temas abordados.

Exemplo:

MORAR NO CAMPO	
Vantagens	Desvantagens
• *Local tranquilo.* • *Ausência de violência urbana.* • *Ausência de poluição.* • *Relacionamento próximo com vizinhos e conhecidos.* • *Contato com a natureza.*	• *Necessidade de fazer viagens constantes (para usufruir de serviços que só se encontram nas metrópoles).* • *Acesso limitado às telecomunicações.*

1.

POSSUIR UM VEÍCULO PARA USO PESSOAL	
Prós	Contras

2.

TER UM ANIMAL DE ESTIMAÇÃO	
Lado positivo	Lado negativo

3.

PRATICAR ESPORTES INDIVIDUAIS	
Vantagens	Desvantagens

4.

PROPOSTA DE CONTROLE DE NATALIDADE OBRIGATÓRIO	
Argumentos a favor	Argumentos contrários

PROPOSTA DE REDAÇÃO

Escreva uma **dissertação argumentativa** que responda à seguinte pergunta: "As televisões com telas gigantes e os serviços de *streaming* vão substituir definitivamente as salas de cinema?"

Orientações adicionais

Antes de redigir o seu texto, familiarize-se com o gênero proposto. Leia algumas dissertações argumentativas e observe o que todas elas têm em comum. Depois, ao redigir o seu texto, decida qual será o conteúdo da introdução. Como você já sabe, o parágrafo inicial de um texto argumentativo serve para traçar o tema do texto em linhas gerais. Para redigir o tópico frasal, escolha entre uma frase declarativa e uma frase interrogativa.

No desenvolvimento do texto, mencione os dois lados de cada moeda: quais são as vantagens e desvantagens proporcionadas pelas TVs gigantes, pelos serviços de *streaming* e pelas salas de cinema? Procure mostrar ao leitor o peso de cada argumento, recorrendo a expressões como estas:

"Se por um lado..., por outro..."

"Apesar de reconhecermos que..., não podemos ignorar o fato de que..."

Na conclusão, procure responder à questão inicial: afinal, as televisões com telas gigantes e os serviços de *streaming* vão ou não vão substituir as salas de cinema? Explicite o seu ponto de vista. Se considerar apropriado, convide o leitor a formular a sua própria resposta para a questão.

Aula 3

As sequências textuais

Conforme vimos nas aulas anteriores, os textos podem ser classificados em **gêneros** e **tipos**. Enquanto os gêneros textuais são incontáveis, os tipos textuais são exatamente cinco. Classificar um texto quanto ao gênero é uma tarefa bastante precisa, já que cada gênero possui características bastante específicas. É fácil identificar, por exemplo, uma **resenha de filme**, já que as características desse gênero são muito evidentes. Já a identificação do tipo textual pode ser uma tarefa mais árdua, posto que, muitas vezes, um único texto pode apresentar traços de diversos tipos textuais.

Um **romance**, por exemplo, é predominantemente do tipo narrativo – pois conta uma história em que diversos personagens executam ações dentro de um dado espaço e de um determinado tempo. Ainda assim, podemos perceber que o romance também possui características descritivas (nos momentos em que os personagens e os ambientes são descritos), argumentativas (quando o narrador ou algum personagem expõe um ponto de vista suportado por argumentos e exemplos), expositivas (quando explica algum conceito do qual o leitor não dispõe) e injuntivas (nos trechos em que o narrador ou algum personagem usa verbos no

40

modo imperativo).

Poderíamos dizer, então, que um romance pertence aos cinco tipos textuais? Sim, mas isso seria muito generalista. A maior parte do romance é, afinal, narrativa. O que de fato podemos dizer, portanto, é que, apesar de o romance corresponder a um único tipo textual – o narrativo –, ele apresenta **sequências textuais** que não são somente narrativas.

Assim sendo, podemos entender que um texto pertencente a um único gênero não pertence obrigatoriamente a um único tipo, mas corresponde melhor a um tipo (aquele cujas características predominam ao longo do texto) ao mesmo tempo em que apresenta diversas sequências textuais.

As cinco sequências textuais (listadas a seguir) correspondem, desta maneira, aos cinco tipos textuais:

1. narrativa;
2. descritiva;
3. argumentativa;
4. expositiva ou explicativa;
5. instrucional ou injuntiva.

Por fim, vejamos mais um exemplo de gênero textual em que aparecem diversas sequências textuais. A **bula de remédio** pertence predominantemente ao tipo *expositivo ou explicativo*, já que seu conteúdo tem o intuito de *expor* ou *explicar* diversos aspectos de um determinado medicamento a um paciente que, supostamente, não dispõe previamente dessas informações. Isso não significa, porém, que o conteúdo integral da bula se destina a dar explicações ao leitor. Alguns trechos da bula se destinam a *alertar* o paciente sobre o que ele deve (ou não) fazer. Imagine um trecho que diz algo como "Não exceda duas doses ao dia". Nesse trecho, podemos observar um verbo no imperativo (*não exceda*), o que nos permite afirmar que essa frase representa uma *sequência instrucional ou injuntiva*. Pense também em uma frase que descreva o formato em que o remédio é apresentado, como: "Este medicamento está disponível em frascos de vidro contendo trinta comprimidos arredondados de cor azul". Tal passagem é uma *sequência descritiva*.

Como você pode ver, o texto em questão recebe uma única classificação de gênero textual (neste caso, *bula*), uma classificação de tipo textual predominante (*expositivo ou explicativo*) e diversas classificações de sequências (*expositivas ou explicativas, instrucionais ou injuntivas* e *descritivas*).

EXERCÍCIOS

1. Quais são os cinco tipos e as cinco sequências textuais?

2. Associe as sequências textuais às suas definições.

(1) Sequência argumentativa

(2) Sequência descritiva

(3) Sequência expositiva ou explicativa

(4) Sequência instrucional ou injuntiva

(5) Sequência narrativa

a. _______ É aquela que tem por base um fato ou uma ação, além de ser marcado pela temporalidade.

b. _______ É aquela que procura dar informações que o leitor necessita obter ou aprender.

c. _______ É aquela que pretende apresentar o ponto de vista do autor (e pontos de vista contrários) a fim de convencer ou persuadir o leitor a concordar com as ideias defendidas pelo autor ou a tomar alguma atitude.

d. _______ É aquela que mostra como executar uma tarefa passo a passo.

e. _______ É aquela que apresenta os mais diversos elementos, especificando as suas características (aparência, tamanho, função, condição etc.) em um dado momento de sua existência.

3. Identifique o tipo textual predominante nos seguintes textos.

a. *A Odisseia*, poema épico grego atribuído a Homero.

b. *Dom Casmurro*, romance de Machado de Assis.

c. Receita de bolinhos de chuva.

d. "Rosas são vermelhas, / Violetas são azuis", versos populares.

e. Manual de aparelho celular.

f. *Química Orgânica – Volume Único*, livro didático para o ensino médio.

g. "Vende-se casa: 2 andares", anúncio em site de classificados.

h. *Estamos produzindo muito lixo?*, redação dissertativa escrita por um estudante.

4. Leia a seguir um trecho de um conto de Machado de Assis publicado originalmente em 1906. Depois, faça o que se pede.

Pai contra mãe

A escravidão levou consigo ofícios e aparelhos, como terá sucedido a outras instituições sociais. Não cito alguns aparelhos senão por se ligarem a certo ofício. Um deles era o ferro ao pescoço, outro o ferro ao pé; havia também a máscara de folha-de-flandres. A máscara fazia perder o vício da embriaguez aos escravos, por lhes tapar a boca. Tinha só três buracos, dois para ver, um para respirar, e era fechada atrás da cabeça por um cadeado. Com o vício de beber, perdiam a tentação de furtar, porque geralmente era dos vinténs do senhor que eles tiravam com que matar a sede, e aí ficavam dois pecados extintos, e a sobriedade e a honestidade certas. Era grotesca tal máscara, mas a ordem social e humana nem sempre se alcança sem o grotesco, e alguma vez o cruel. Os funileiros as tinham penduradas, à venda, na porta das lojas. Mas não cuidemos de máscaras.

O ferro ao pescoço era aplicado aos escravos fujões. Imaginai uma coleira grossa, com a haste grossa também à direita ou à esquerda, até ao alto da cabeça e fechada atrás com chave. Pesava, naturalmente, mas era menos castigo que sinal. Escravo que fugia assim, onde quer que andasse, mostrava um reincidente, e com pouco era pegado.

(ASSIS, Machado de. *Pai contra mãe*. Disponível em: <http://www.dominiopublico.gov.br>. Último acesso em dezembro de 2018)

a. Observe o emprego dos verbos. Que tempo verbal predomina?

b. Quais adjetivos são usados pelo autor para descrever:
- a máscara de folha-de-flandres?
- a coleira?
- a haste da coleira?

c. Qual é sequência textual predominante? Justifique a sua resposta citando elementos ou características do texto.

5. Colete (na internet ou em qualquer outro lugar) dois textos curtos de sua preferência. Identifique em cada texto todas as sequências textuais presentes. Defina também o tipo textual predominante nos textos escolhidos.

PROPOSTA DE REDAÇÃO

Redija um texto de **panfleto publicitário**. Seu objetivo é divulgar um edifício em construção, promovendo a venda dos apartamentos antes mesmo de que eles estejam prontos. Seu texto, que será predominantemente do **tipo injuntivo**, deverá apresentar, obrigatoriamente, pelo menos uma **sequência descritiva**.

Orientações adicionais

Comece a executar a tarefa da maneira mais vantajosa: leia muito. Através da leitura de diversos panfletos publicitários, você terá uma ideia mais clara de quais são os traços fundamentais desse gênero.

Como seu texto deverá ser do tipo injuntivo (como na maioria dos panfletos publicitários), é fundamental que você tente convencer o seu leitor a efetuar a compra do produto que está sendo anunciado. Recorra a diversas estratégias que possam induzir o seu público-alvo a tomar uma decisão que interesse a você. Caso julgue conveniente, você poderá usar alguns verbos no modo imperativo (como *conheça*, *veja*, *visite*, *compre*, *não perca*, *não deixe* etc.).

Aliás, tenha em mente quem é, exatamente, o seu público-alvo: são pessoas de classe baixa, de classe média, de classe média-alta, de classe alta, possuidoras de uma consciência ecológica, fúteis, gananciosas, de mente aberta, de famílias tradicionais, com filhos, sem filhos, com animais...?

Para redigir a sequência descritiva (ou as sequências descritivas – no plural –, caso uma única sequência não baste), pense em todos os detalhes do prédio e dos apartamentos que estão à venda. Informe dados como tamanho (em metros quadrados), número de quartos, vantagens do prédio e do bairro em que ele se localiza, facilidade de financiamento etc.

Não deixe de incluir, em sua sequência descritiva (e, se possível, também nas demais sequências do seu texto) uma gama de adjetivos que valorizem o produto que você quer vender (tais como *amplo*, *sensacional*, *imperdível*, *único*, *luxuoso*, *seguro*, *confortável* etc.) – contribuindo, desta maneira, para o reforço da função apelativa que o seu texto, de forma geral, deve ter.

Aula 4

Coerência e incoerência

A palavra *coerência* significa "harmonia entre fatos ou ideias". No âmbito da escrita, dizemos que um texto tem **coerência** quando o seu conteúdo é um conjunto de ideias apresentadas de forma harmônica. Quando as ideias fazem sentido de forma lógica, afirmamos que o texto é *coerente*. Quando, por outro lado, as ideias entram em conflito, se contradizem, se anulam ou se fazem ambíguas, dizemos que o texto é *incoerente*.

Nos textos narrativos, a coerência ocorre quando a sequência de ações é perfeita, sem que um fato narrado anule outro. Se um personagem nasceu, digamos, em janeiro de 1990, e sabemos que a história se passa no Natal de 2050, o personagem tem, obrigatoriamente, 60 anos de idade. Se o texto indicasse qualquer outra idade para o personagem, tal afirmação seria incoerente – a menos que uma boa explicação para o fato fosse apresentada.

Nos textos descritivos, a coerência se dá quando nenhuma descrição contradiz outra. Se um personagem, por exemplo, possui olhos azuis, não é possível afirmar que seu filho possui olhos verdes *idênticos* aos seus. Essa afirmação seria incoerente, pois olhos verdes não são idênticos a olhos azuis. A coerência descritiva também ocorre quando a escolha do léxico é feita de forma minuciosa e precisa. Dessa forma, seria incoerente dizer que em uma sala há *aproximadamente* setenta e quatro pessoas, já que setenta e quatro é uma quantidade exata, e não aproximada. Da mesma forma, não seria coerente falar de um gato de *pés* grandes, pois gatos possuem, na verdade, patas.

Já nos textos argumentativos, a coerência se faz presente quando os argumentos e os fatos são bem apresentados e não caem em contradição. Se uma redação inicia com a frase "Os adolescentes são sempre muito irresponsáveis", ela não pode concluir com a frase "A responsabilidade é uma virtude presente em todas as faixas etárias", pois essas afirmações se contradizem, fazendo com que a segunda anule a primeira.

Escrever é, como se pode ver, uma tarefa que exige um profundo cuidado da parte do redator, já que qualquer deslize pode comprometer a coerência do texto como um todo. No caso do texto argumentativo, em especial, é preciso que os argumentos sejam criteriosamente selecionados, ordenados, justificados e, quando possível, exemplificados.

Um **argumento** é um conjunto de premissas seguido de uma conclusão. Se as premissas não forem corretas ou se a conclusão não for lógica, o texto como um todo pode ser tido como incoerente. Vejamos a seguir alguns problemas de redação que podem contribuir para a **incoerência** do texto.

Sofisma

Chamamos **sofisma** ao silogismo sem validade. No sofisma, o raciocínio é concebido com o objetivo de produzir uma ilusão da verdade através de uma estrutura interna incorreta e deliberadamente enganosa.

Para entendermos o conceito de sofisma, precisamos entender, primeiro, o que é um silogismo. **Silogismo** é uma forma de raciocínio lógico em que duas premissas nos levam obrigatoriamente a uma conclusão. No silogismo, tanto as premissas quanto a conclusão são corretas e verdadeiras.

Vejamos um exemplo:

"Todo ser humano é mortal." (premissa maior)

"Eu sou um ser humano." (premissa menor)

"Eu sou mortal." (conclusão)

No silogismo, o termo que aparece em ambas as premissas é chamado de **termo médio**. No exemplo acima, o termo médio é, portanto, a expressão "ser humano".

Vejamos, agora, um silogismo em que uma das partes é falsa – portanto, sem validade e identificado como um **sofisma**.

"Você vai votar apenas em um candidato que for honesto." (premissa maior)

"O candidato X é honesto." (premissa menor)

"Logo, você vai votar no candidato X." (conclusão)

Observe que, no raciocínio apresentado acima, a conclusão está equivocada. O fato de o candidato X ser honesto não significa que você votará necessariamente nele, pois pode haver outros candidatos igualmente honestos. Como esse argumento é incorreto e enganoso, podemos classificá-lo como um sofisma.

Vejamos mais um exemplo:

"As palavras proparoxítonas recebem um acento gráfico." (premissa maior)

"A palavra 'café' é acentuada." (premissa menor)

"Logo, a palavra 'café' é proparoxítona." (conclusão)

O raciocínio acima, embora pareça lógico, não é válido porque a palavra "café" é, na verdade, oxítona. O erro na conclusão decorre porque não foi levado em conta o fato de que as palavras proparoxítonas, embora sejam acentuadas, não são as únicas a receberem um acento gráfico. Tal raciocínio é, portanto, um sofisma.

Argumentação redundante

Nesse tipo de argumentação, a justificativa de um ponto de vista se dá através da repetição desse mesmo ponto de vista – o que invalida o raciocínio. Imagine um texto em que apareça a seguinte frase: "A reciclagem tem extrema importância porque reciclar o lixo é algo que consideramos importante". O ponto de vista apresentado ("A reciclagem tem extrema importância") é justificado com uma afirmação que significa o mesmo ("reciclar o lixo é algo que consideramos importante"). Trata-se, assim, de uma **argumentação redundante**.

Falsa causa

Consiste em dizer que um fato provocou outro apenas porque o primeiro fato antecede o segundo. Um exemplo: "A professora de biologia se ausentou duas vezes no mês passado, deixando os alunos sem aula. Por isso, vários alunos tiraram notas baixas na prova." O fato apresentado como causador das notas baixas é uma **falsa causa**. Não é possível garantir que a ausência da professora tenha, de fato, sido a causa das notas baixas. Um fato antecedeu o outro, mas nem por isso é a causa deste.

Argumento de autoridade

Consiste em apelar para o uso do nome de alguém que representa uma autoridade. Por exemplo: "Todo mundo deveria evitar de tomar refrigerantes. A Xuxa não toma." Usar o nome da Xuxa significa, nesta situação, recorrer a um **argumento de autoridade**, já que a apresentadora foi mencionada apenas por ser muito famosa (portanto, uma autoridade). Por mais que seja uma profissional muito competente, querida e respeitada, a Xuxa não é especialista em refrigerantes (até onde se sabe!), o que invalida a justificativa usada para defender a opinião de que todas as pessoas deveriam evitá-los.

Generalização apressada

Generalizar algo apressadamente significa transformar uma exceção em uma regra geral. Tomemos como exemplo as seguintes afirmações: "Apanhar dos pais não traumatiza nenhuma criança. Eu mesma apanhei muito da minha mãe e não fiquei traumatizada". O fato de que uma única pessoa tenha sofrido agressões sem que isso lhe causasse um trauma não é uma regra, mas um caso específico. Mencioná-lo como uma regra ou como a justificativa de uma regra implica em uma **generalização apressada**.

Como vimos, a coerência de um texto se dá de várias formas. Da mesma maneira, a incoerência pode ocorrer das mais diversas maneiras. Muitas vezes, os raciocínios equivocados parecem verossímeis e podem até mesmo ser altamente persuasivos (principalmente quando são propositalmente enganosos).

Somente uma análise cuidadosa pode expor as incoerências (deliberadas ou acidentais) de um texto. Sempre que atuarmos como redatores, devemos evitar as falhas de argumentação e quaisquer outros tipos de incoerência – isto é, se quisermos que os nossos textos sejam precisos, honestos e saudáveis.

EXERCÍCIOS

1. O que significa a palavra "coerência"?

2. O que é coerência textual?

3. Associe as falhas de argumentação às suas definições.

(1) Argumentação redundante

(2) Argumento de autoridade

(3) Falsa causa

(4) Generalização apressada

(5) Sofisma

a. _______ Apelo para o uso do nome de alguém como forma de argumento.

b. _______ Artifício que consiste em dizer que um fato provocou outro apenas porque o primeiro fato antecede o segundo.

c. _______ Ato de justificar um ponto de vista através da repetição desse mesmo ponto de vista.

d. _______ Ato de transformar uma exceção em uma regra geral.

e. _______ Raciocínio é concebido com o objetivo de produzir uma ilusão da verdade através de uma estrutura interna incorreta e deliberadamente enganosa.

4. Classifique as afirmações a seguir quanto à falha de argumentação que elas possuem. Alguns números poderão ser usados mais de uma vez.

(1) Argumentação redundante

(2) Argumento de autoridade

(3) Falsa causa

(4) Generalização apressada

(5) Sofisma

a. _______ "Ela só sofreu aquele acidente porque saiu de casa sem rezar."

b. _______ "Os franceses são muito antipáticos. Conheci um rapaz de Paris e ele foi extremamente antipático comigo."

c. _______ "Toda cirurgia é extremamente perigosa. Uma amiga da minha vizinha fez uma operação e morreu."

d. _______ "Fumar não é tão perigoso como dizem. O meu pai sempre fumou e está aí, cheio de saúde."

e. _______ "O melhor presidenciável é, sem dúvidas, o candidato X. Aquele ator da novela das seis disse que vai votar nele."

f. _______ "O meu filho nunca tirou uma nota baixa sequer. Por isso, é impossível ele não passar no vestibular."

g. _______ "Se os animais que vivem na água são chamados de peixes, as baleias também são peixes."

h. _______ "As vitaminas são necessárias à manutenção da nossa saúde porque ninguém pode permanecer saudável sem recorrer a elas."

5. Um problema muito frequente em textos de escritores pouco experientes é o da redundância, também chamado de pleonasmo vicioso. Identifique, nas frases a seguir, os trechos em que ocorre uma repetição desnecessária ou uma informação irrelevante. Em seguida, reescreva as frases, fazendo pequenos ajustes se necessário.

Exemplo: Depois de nadar, Marta saiu do mar <u>molhada</u>.

Resposta: *Depois de nadar, Marta saiu do mar.*

a. A prova não estava nada fácil; estava difícil.

b. Lúcio queria ler a carta, então pôs os óculos para poder enxergar melhor.

c. Comeram a sobremesa depois de degustarem o prato principal.

d. Quando os meninos entraram para o interior do edifício, ouviram um estrondo.

e. A viúva, cujo marido já havia falecido, era uma mulher nervosa, de poucos amigos.

f. Mário guardou na geladeira os alimentos e as bebidas, que necessitavam de refrigeração.

g. Andréa ia ao colégio todos os dias pedalando em sua bicicleta.

h. Marcela preferiu não convidar seu ex-marido, de quem ela havia se separado anteriormente.

i. Maria Eduarda gostava de planejar-se para o futuro, o que irritava profundamente seu companheiro.

j. Por mais que o professor insistisse, os alunos não queriam repetir o exercício outra vez.

k. A festa surpresa foi algo inesperado para Cristina.

l. Não gosto muito de filmes baseados em fatos reais.

m. Nossa loja possui inúmeras opções diferentes de produtos.

n. Ângela explicou que tinha esquecido o aniversário de Carlos sem querer.

PROPOSTA DE REDAÇÃO I

> Você trabalha na redação de uma revista de vulgarização (ou divulgação) científica, cuja missão é divulgar conceitos de ciência a um público leigo. Você foi encarregado de redigir uma **lista de argumentos** para uma seção chamada "Prós e Contras" com o seguinte tema: "Vale a pena colonizar algum planeta do sistema solar?". A diagramação do seu texto deverá se assemelhar, na medida do possível, ao aspecto de uma revista atual e deverá ocupar uma única página.

Orientações adicionais

Para começar, busque em revistas de vulgarização científica alguma seção na qual que sejam apresentados argumentos a favor e argumentos contra uma determinada ideia.

Redija uma breve introdução para o seu texto, ampliando a questão fornecida ("Vale a pena colonizar algum planeta do sistema solar?"). Apresente alguns dados a respeito desse tema.

Em seguida, redija duas listas: uma de argumentos a favor de tal colonização, e outra de argumentos contrários a essa proposta. Decida se os argumentos serão organizados do mais forte para o mais fraco, ou do mais fraco para o mais forte. Evite argumentos absurdos ou sem fundamento. Certifique-se também de que os argumentos não se anulam ou se contradizem.

Por fim, cuide da diagramação da sua página, dispondo as duas listas nos espaços mais convenientes. Se possível, inclua uma ilustração acompanhada de uma breve legenda.

PROPOSTA DE REDAÇÃO II

Você trabalha na redação de uma revista de vulgarização (ou divulgação) científica, cuja missão é divulgar conceitos de ciência a um público leigo. Você foi encarregado de redigir uma **dissertação argumentativa** que responda à seguinte questão: "A conquista do espaço é relevante para a humanidade?".

Orientações adicionais

Na introdução do seu texto, dê informações sobre a situação atual da conquista do espaço e introduza a questão que o texto deseja responder: essa conquista tem alguma relevância para os seres humanos?

No desenvolvimento, não restrinja a sua argumentação. Mostre as vantagens e as desvantagens do ato de tentar conquistar o espaço. Se apropriado, ressalte um dos dois lados (ou o das vantagens, ou o das desvantagens), a fim de favorecer o seu ponto de vista e a conduzir o leitor a uma total compreensão da sua linha de raciocínio.

Na conclusão, procure responder à questão inicial: a conquista do espaço é relevante para a humanidade? Note que a sua resposta não precisa ser radical – isto é, você não precisa considerar que a conquista espacial é totalmente relevante, nem totalmente irrelevante. Você pode expressar sua opinião de forma precisa e honesta, ainda que ela inclua algumas dúvidas e ressalvas.

Aula 5

Coesão (I)

Na aula anterior, vimos que a coerência é a harmonia das ideias presentes em um texto. O que não vimos, naquela ocasião, é o modo como essas ideias são organizadas de maneira explícita – isto é, no plano linguístico. É aqui que entra o conceito de **coesão**, que consiste, portanto, na conexão e na organização das ideias por meio de palavras.

Ao passo que a coerência ocorre no plano do conteúdo, a coesão se manifesta no plano mais superficial do texto, onde se encontram diversas estruturas coesivas, tais como os pronomes, os advérbios, os sinônimos e as conjunções. Assim sendo, é muito comum associar o conceito de coesão à ideia de "amarração", já que os elementos coesivos servem para amarrar as ideias do plano lógico.

Em outras palavras, podemos dizer que a coesão é a utilização harmônica de elementos gramaticais cuja finalidade é garantir a coerência do texto. Isto significa, então, que a coerência de um texto pode ficar seriamente comprometida quando não ocorre o emprego de elementos coesivos.

Nas próximas aulas, veremos em detalhes como se manifesta a coesão textual.

EXERCÍCIOS

1. O que é coesão textual? Explique com suas próprias palavras.

2. Qual é a diferença entre coerência e coesão?

3. Leia o texto a seguir e responda às questões propostas.

Afinal, é Pooh ou Puff?

Você obviamente notou que o nosso amado Ursinho Puff passou a ser chamado de Pooh da noite para o dia. A troca de nomes já faz algum tempo (quase 20 anos!), mas ainda hoje há pessoas que se referem ao urso usando o nome antigo. O que será que fez com que a Disney transformasse o nome Puff em Pooh?

A resposta não é tão simples. Aliás, não há resposta! – pelo menos não uma oficial. O que há são especulações.

Primeiramente, é importante lembrar que Puff não é o nome original desse personagem da Disney. Aliás, a criação do ursinho mais guloso e louco por mel do mundo sequer se deve à Disney! Mas vamos com calma...

O personagem que o mundo quase inteiro conhece como Pooh foi criado pelo autor inglês Alan Alexander Milne (1882-

1956) com o nome de Winnie-The-Pooh (com hifens). Observe que a palavra "quase" foi astutamente empregada na frase anterior, já que o personagem ganhou os mais diversos nomes ao redor do mundo. Na França e no Canadá, por exemplo, o personagem se chama Winnie L'Ourson.

A Disney, ao usar o personagem sob licença, adotou o nome Winnie The Pooh (já sem os hifens). Até hoje, o nome usado nos países de língua inglesa é Winnie The Pooh, sendo Pooh uma redução do nome composto. O nome Puff, redução de Ursinho Puff, foi usado somente nas primeiras dublagens brasileiras. O que acontece é que o nome Puff foi usado à exaustão nos livros, nas transmissões televisivas, nas fitas de vídeo e nos DVDs, contribuindo para que fosse esse o nome a permanecer para sempre em nossa memória.

Hoje, muitas pessoas argumentam que a regressão do nome brasileiro Puff para o inglês Pooh se deve a uma tendência à internacionalização dos nomes dos personagens. Quem recorre a esse argumento faz questão de lembrar que vários outros personagens perderam seus nomes traduzidos e passaram a ser chamados em inglês em várias partes do mundo, sendo os exemplos mais famosos a Tinker Bell (antes chamada de Sininho), a fada Merryweather (antes chamada de Primavera) e o Christopher Robin (antes chamado de Cristóvão).

Esse argumento, no entanto, não dá conta de explicar as trocas de alguns nomes em português para novos nomes também em português. Diversos personagens de Winnie The Pooh, por exemplo, também foram rebatizados, mas somente o próprio Ursinho Puff e seu dono, Cristóvão, receberam, no Brasil, nomes que também são usados fora do país – Pooh e Christopher Robin, respectivamente. Os outros personagens, apesar de terem sido rebatizados, continuam tendo nomes em português: o coelho Abel virou Coelho, enquanto o burro Bisonho virou Ió. Ao mesmo tempo, alguns outros personagens desse universo mantiveram seus nomes em português – estão aí o Tigrão e o Leitão, que não me deixam mentir.

Tudo isso destrói, em parte, a teoria da internacionalização explicada anteriormente. A que se devem, então, a troca dos nomes de alguns personagens e a manutenção dos nomes de outros? Deixe a sua opinião nos comentários!

(LEIROZ, Leandro. Afinal, é Pooh ou Puff? Disponível em <http://blogtelaepapel.blogspot.com>. Último acesso em setembro de 2019)

a. Que tipo textual predomina no texto que você acabou de ler?

b. O texto em questão está organizado por grupo de ideias. Cada um desses grupos de ideias se materializa em um parágrafo. Os parágrafos, por sua vez, estão "amarrados" entre si, transformando-se em uma unidade coesa a que damos o nome de texto. Você consegue identificar os grupos de ideias apresentados, colocando-os em ordem?

Numere os grupos de ideias a seguir (de 1 a 8), de acordo com a sequência em que eles aparecem dispostos no texto.

A. _____ Retorno à estaca zero: a pergunta inicial (Pooh ou Puff?) continua sem resposta, o que abre espaço para novas hipóteses.

B. _____ Informação de que o nome usado anteriormente (Puff) não é o nome original do personagem.

C. _____ Informação de que o nome Puff deu lugar ao nome Pooh.

D. _____ Informação de que não existe uma resposta precisa para a pergunta que gerou o título do texto.

E. _____ Hipótese: o nome Puff passou a ser Pooh devido à internacionalização dos nomes de personagens.

F. _____ Explicação sobre a redução do nome Winnie the Pooh para Pooh e seu equivalente brasileiro, Puff.

G. _____ Contestação da hipótese apresentada: alguns nomes abrasileirados não sofreram alterações.

H. _____ Breve contextualização histórica: as origens do personagem Pooh.

c. O autor expõe uma hipótese com a qual ele não concorda: a de que o nome Puff passou a ser Pooh porque, atualmente, os nomes dos personagens tendem a ser universais – isto é, iguais no mundo inteiro. Que trechos do texto você pode destacar para mostrar que essa teoria não surgiu da mente do autor e que ele discorda dela?

d. Qual das alternativas a seguir pode ser considerada verdadeira, de acordo com o raciocínio lógico desenvolvido pelo autor?

A. Não é possível explicar a existência de dois nomes para um só personagem porque a empresa que produz os conteúdos desse personagem nunca explicou a troca do nome.

B. No Brasil, muitos nomes abrasileirados perderam espaço para nomes em inglês. No entanto, isso não significa necessariamente que a troca de nomes tem o objetivo de promover uma internacionalização do personagem Puff (ou Pooh), já que outros personagens tiveram seus nomes adaptados para novos nomes abrasileirados.

C. Não importa se dizemos Pooh ou Puff. Ambos os nomes devem ser considerados errados, já que o nome original do personagem é Winnie-the-Pooh.

D. Como a hipótese da internacionalização dos nomes de personagens não procede, o nome em inglês (Pooh) deve ser considerado incorreto em território nacional, restando apenas o nome Puff como uma opção válida.

PROPOSTA DE REDAÇÃO

> Produza um **resumo** do texto "Afinal, é Pooh ou Puff?", encontrado na seção de exercícios desta aula. Escreva aproximadamente 250 (duzentas e cinquenta) palavras – o que corresponde, em média, à metade do texto original.

Orientações adicionais

Antes de redigir o seu resumo, releia o texto original diversas vezes, até compreender seus objetivos, sua estrutura e, principalmente, suas informações.

Lembre-se de que um resumo consiste basicamente em um exercício de apagamento, em que se eliminam as partes menos importantes de um texto e se mantêm apenas os seus conteúdos essenciais. Isso não significa, porém, que você deverá simplesmente copiar as partes que não forem apagadas. Você deverá, na verdade, juntá-las de forma coesa, amarrando-as por meio de frases completas e bem estruturadas.

Você poderá, também, recorrer à **paráfrase**, que consiste em repetir as ideias do texto original usando as suas próprias palavras. Se o texto em questão diz, por exemplo, que "a criação do ursinho mais guloso e louco por mel do mundo sequer se deve à Disney" (17 palavras), você pode transmitir as ideias mais básicas desse trecho por meio de uma frase nova e bem mais curta, como: "A Disney não criou o personagem" (apenas 6 palavras).

Tenha o cuidado, ao parafrasear o conteúdo do texto

original, de não modificar, em nenhuma hipótese, as ideias e as intenções do autor. Em outras palavras: tenha em mente que um resumo deve ser sempre fiel à mensagem do texto original. A sua voz não deverá aparecer no texto que você vai produzir, por mais que você discorde do conteúdo do texto original ou da forma de pensar do autor.

Além de não distorcer aquilo que o texto original diz, você deverá ter o cuidado de não acrescentar informações que não pertençam ao texto de origem, bem como o de não suprimir partes que o autor obviamente considera fundamentais. A regra de ouro, então, é: não somar elementos novos, nem subtrair elementos essenciais, mas apenas manter, de forma condensada, as ideias fundamentais do texto original.

Ao terminar a sua redação, compare os dois textos. Não se esqueça: o resumo deverá ter características muito semelhantes às do texto original. Verifique a coesão do seu resumo: as ideias devem estar interligadas de uma forma fluida, de modo que a sua leitura seja agradável e perfeitamente inteligível. Conte as palavras da sua redação para que não se ultrapasse o limite indicado – afinal de contas, um resumo que possui a mesma extensão do texto original não pode ser chamado de resumo.

Aula 6

Coesão (II): Referenciação

Como você já sabe, chamamos de **coesão** o uso harmônico das palavras com o objetivo de garantir a coerência de um texto. Em outras palavras, podemos dizer que a coesão é a "amarração" das ideias de uma forma explícita, através de recursos diversos. A **referenciação** é um desses recursos que possibilitam a produção de um texto coeso.

Com frequência usamos a expressão "fazer referência (a algo)". Podemos dizer, por exemplo, que uma determinada palavra de um texto está "fazendo referência" a algo que já foi dito anteriormente ou a algo que será mencionado posteriormente dentro desse mesmo texto. Consideremos as frases a seguir: "Onde estão *as chaves*? Será que *elas* ficaram no porta-luvas?" Poderíamos dizer que, na segunda frase, o pronome "elas" *faz referência* a uma expressão que já havia sido mencionada: "as chaves". Temos aí, portanto, um caso de referenciação.

A referenciação não ocorre sempre da forma mostrada acima. Ela pode se manifestar de diversas maneiras: através do uso de pronomes, advérbios, sinônimos, hiperônimos, hipônimos e omissões, entre tantas outras formas.

Vejamos a seguir alguns dos tipos mais frequentes de referenciação. Mencionaremos aqui apenas os casos de **referenciação endofórica** – isto é, interna e restrita ao próprio texto. Deixaremos de fora os casos de **referenciação exofórica** – externa ao texto.

Anáfora

Quando mencionamos pela primeira vez em um texto um conceito qualquer (seja um ser, uma pessoa, um animal, um objeto, um lugar ou praticamente qualquer outra coisa), dizemos que estamos fazendo a **introdução** desse conceito no texto. Em um conto que começa, digamos, com as palavras "Era uma vez, em um reino muito distante, uma princesa (...)", os conceitos "reino" e "princesa" estão sendo *introduzidos*, uma vez que não foram mencionados anteriormente no texto.

Ao mencionarmos o mesmo conceito uma segunda vez, estamos fazendo a sua **retomada** – isto é, estamos fazendo a manutenção do referido conceito dentro do texto. Sempre que voltarmos ao mesmo conceito, estaremos fazendo a retomada dele. Uma das ferramentas que nos permitem retomar um termo previamente mencionado no texto é a anáfora.

Anáfora é, então, o processo pelo qual um termo gramatical retoma um *sintagma*[2] usado previamente no texto. Uma forma comum de fazer referenciação anafórica é através da **substituição**, em que um item é literalmente substituído por outro. As classes gramaticais ideais para fazer substituições são os pronomes e os

---

[2] Para melhor compreender a noção de *sintagma*, consulte a Aula 8.

substantivos. Ao usarmos um substantivo, optamos por um sinônimo, hiperônimo ou hipônimo – apesar de que algumas vezes podemos simplesmente repetir o substantivo em questão.

Primeiro exemplo: "Os bancos não vão abrir na próxima segunda-feira. Já no dia seguinte, *eles* abrirão normalmente." Neste exemplo, o sintagma nominal "os bancos" foi retomado pelo pronome pessoal do caso reto "eles". Como o pronome escolhido se refere a um sintagma usado anteriormente no texto, dizemos que a referenciação é *anafórica*. E, como a expressão "os bancos" foi substituída pela palavra "eles", dizemos que ocorreu uma substituição.

Outro exemplo: "Os professores tomarão decisões muito importantes na reunião que ocorrerá na próxima semana. *O corpo docente* tratará de assuntos levantados pelos alunos e pelos pais e responsáveis". Note que o sintagma nominal "o corpo docente", que aparece na segunda frase, possui o mesmo significado do sintagma "os professores", usado na frase anterior. Desta vez, a referência não se deu através de um pronome, mas através de uma locução substantiva que possui o mesmo significado de outro sintagma já usado no texto. Temos, portanto, mais uma ocorrência de referenciação anafórica – mas, desta vez, possibilitada pelo uso de expressões sinônimas substantivas. Neste exemplo temos, também, uma substituição.

Um último exemplo: "Eu ando dois quilômetros todos os dias. Você deveria *fazer o mesmo*". O sintagma verbal "fazer o mesmo", contido na segunda frase, retoma toda a ideia contida na primeira frase. Tal sintagma substitui um raciocínio completo: a de "andar dois quilômetros todos os dias". Trata-se, assim, de mais um caso de substituição. Note que a classificação de anáfora continua sendo aplicada normalmente a este exemplo, já que o sintagma "fazer o mesmo" substitui uma ideia mencionada previamente no texto.

Apesar de todos os exemplos dados anteriormente mostrarem casos específicos de substituição, vale a pena lembrar que a anáfora pode se manifestar também de outras maneiras que não serão abordadas aqui.

Catáfora

De maneira simplificada, podemos dizer que a **catáfora** é uma anáfora no sentido oposto. Enquanto a anáfora retoma algo anteriormente mencionado, a catáfora antecipa algo que ainda vai aparecer adiante no texto.

Vejamos um exemplo: "Preciso que você compre *o seguinte*: uma garrafa de álcool isopropílico, um bico de Bunsen e algumas lamínulas." Nessa frase, a expressão "o seguinte" antecipa três itens que estão prestes a aparecer: "uma garrafa de álcool isopropílico, um bico de Bunsen e algumas lamínulas." Trata-se, portanto, de um caso de referenciação *catafórica*.

Algumas palavras e expressões muito empregadas nesse tipo referenciação são: *o seguinte*, *a seguir*, *isto*, *este(s)*, *esta(s)*, *abaixo*, *adiante*, *por exemplo* etc.

Elipse

Dizemos que ocorre **elipse** quando algum elemento é suprimido do texto por ser considerado de fácil dedução. Tal elemento pode ter sido previamente mencionado no texto ou não. Em alguns casos, o elemento previamente mencionado é uma variante do termo em questão.

Observe este exemplo: "Eu comprei dois livros. João, apenas um". Você deve ter percebido que há duas elipses na segunda frase, em que um verbo e um substantivo foram suprimidos. A frase em sua forma completa ficaria assim: "João *comprou* três *livros*". Note que as palavras omitidas na frase podem ser facilmente deduzidas pelo leitor. Tal dedução é tão simples que, muito provavelmente, o leitor não notará a ausência de nenhum elemento na frase.

Observe também que, no exemplo dado, as palavras subtraídas não são idênticas às palavras mencionadas anteriormente, mas formas variantes delas: "comprei" não é idêntico a "comprou", e "livros" não é idêntico a "livro". As diferenças entre os termos são sutis e, por isso, não devem comprometer a leitura da frase em que ocorrem as elipses. Por fim, note que a vírgula foi empregada na posição em que deveria estar o verbo "comprar", indicando a elipse: "Eu comprei dois livros. João, apenas um". Isso ocorre porque as elipses verbais costumam ser marcadas por vírgulas.

Se você quiser indicar as partes do texto em que ocorrem elipses (para fins didáticos ou até mesmo durante a revisão do texto), você pode usar o símbolo de vazio (ø): "Eu comprei dois livros. João ø apenas um ø". Ao remover os símbolos, lembre-se de empregar, sempre que possível, as vírgulas que indicam omissões de verbos.

EXERCÍCIOS

1. Complete a tabela a seguir com estas palavras: *anáfora*, *catáfora*, *endófora* e *exófora*.

	Ao que está fora do texto = ...	
REFERÊNCIA	Ao que está no texto = ...	A um elemento anterior = ...
		A um elemento posterior = ...

2. Leia as frases a seguir e identifique o tipo de referência nas partes sublinhadas. Se necessário, consulte a tabela do exercício anterior durante a análise das frases.

a. Li todos os textos que o professor recomendou, menos <u>este</u>: *Ensaios de filosofia*.

b. Parabéns! Você não se arrependerá <u>de ter escolhido adquirido conosco o seu seguro contra acidentes pessoais</u>.

c. Por que você não gostou do filme? Estava esperando alguma coisa muito <u>diferente</u>?

d. Uma mulher adentrou o consultório sobressaltada. <u>A pobrezinha</u> estava visivelmente aterrorizada.

e. Você conhece o Eduardo? <u>Ele</u> trabalha aqui no turno da noite.

f. Ei, você <u>aí</u>! Já conhece os novos pacotes de serviço que temos para você?

3. Reescreva as frases abaixo de forma sucinta, recorrendo à substituição ou à elipse.

Exemplo: Camila comprou uma saia nova e Marcela comprou uma saia nova.

Resposta possível: *Camila comprou uma saia nova e Marcela também.*

a. Estefânia viajou para Tóquio. Estefânia levou muitas malas para Tóquio.

b. Eu acho que a Marta não está bem de saúde, mas ela não acha que ela não está bem de saúde.

c. Eu comprei dez livros na Bienal. Meu irmão comprou treze livros na Bienal.

d. No fim de semana passado eu fui ao clube com vocês, mas neste fim de semana eu não poderei ir ao clube com vocês.

e. Pedro dividiu a sala de estar em dois ambientes. Eu também estou querendo dividir a sala de estar em dois ambientes.

f. Quando eu comecei a aplaudir de pé, todos os que estavam no salão começaram a aplaudir de pé.

4. Leia o fragmento reproduzido abaixo, da autoria de Machado de Assis. Depois, responda às questões propostas.

Dom Casmurro

Vivo só, com um criado. A casa em que moro é própria; fi-la construir de propósito, levado de um desejo tão particular que me vexa imprimi-lo, mas vá lá. Um dia, há bastantes anos, lembrou-me reproduzir no Engenho Novo a casa em que me criei na antiga Rua de Mata-cavalos, dando-lhe o mesmo aspecto e economia daquela outra, que desapareceu. Construtor e pintor entenderam bem as indicações que lhes fiz: é o mesmo prédio assobradado, três janelas de frente, varanda ao fundo, as mesmas alcovas e salas. Na principal destas, a pintura do teto e das paredes é mais ou menos igual, umas grinaldas de flores miúdas e grandes pássaros que as tomam nos bicos, de espaço a espaço. Nos quatro cantos do teto as figuras das estações, e ao centro das paredes os medalhões de César, Augusto, Nero e Massinissa, com os nomes por baixo... Não alcanço a razão de tais personagens. Quando fomos para a casa de Mata-cavalos, já ela estava assim decorada; vinha do decênio anterior. Naturalmente era gosto do tempo meter sabor clássico e figuras antigas em pinturas americanas. O mais é também análogo e parecido. Tenho chacarinha, flores, legume, uma casuarina, um poço e lavadouro. Uso louça velha e mobília velha. Enfim, agora, como outrora, há aqui o mesmo contraste da vida interior, que é pacata, com a exterior, que é ruidosa.

(ASSIS, Machado de. *Dom Casmurro*. Disponível em: <http://www.dominiopublico.gov.br>. Último acesso em dezembro de 2018)

a. No trecho "fi-la construir de propósito", a qual elemento do texto se refere a partícula "la"? Trata-se de um caso de referenciação anafórica ou catafórica?

b. No trecho "me vexa imprimi-lo", a qual elemento do texto se refere a partícula "lo"? É um caso de referenciação anafórica ou catafórica?

c. No trecho "dando-lhe o mesmo aspecto", a que se refere a partícula "lhe"? Do ponto de vista sintático, qual é função dessa partícula: objeto direto ou objeto indireto? A referenciação é anafórica ou catafórica?

d. Retire do texto dois exemplos de elipse.

e. Na frase "Uso louça velha e mobília velha", a repetição do adjetivo "velha" tem uma função gramatical ou estilística? Por que o autor não optou por uma construção mais econômica, evitando, assim, repetir um termo previamente mencionado?

f. O trecho apresentado possui palavras que você não conhece? Se sim, quais? Procure-as em um bom dicionário.

5. Uma ótima forma de evitar a repetição desnecessária em um texto é recorrer à sinonímia. Dizemos que duas palavras são sinônimas quando elas possuem significados iguais ou muito próximos. Valendo-se dessa informação, dê um sinônimo para cada vocábulo da lista abaixo. Observe que o sinônimo deve pertencer obrigatoriamente à mesma classe gramatical do termo original.

Exemplo: cachorro = *cão*

a. alegre =
b. aluno =
c. bonito =
d. cantor =
e. coisa =
f. comprar =
g. essencial =
h. estabilidade =

i. guerra =

j. idioma =

k. indivíduo =

l. perguntar =

m. professor =

6. Para evitar a repetição em um texto, podemos recorrer também aos hiperônimos, que são termos que possuem um sentido mais genérico ou mais amplo do que o das palavras que eles substituem. Dê um hiperônimo para cada vocábulo da lista abaixo.

Exemplo: cachorro < *animal*

a. advogado <

b. agosto <

c. blusa <

d. café <

e. computador <

f. Dia da Bandeira <

g. Espanha <

h. filosofia <

i. lasanha <

j. Marte <

k. Rio de Janeiro <

l. sapataria <

m. sofá <

7. Assim como os sinônimos e os hiperônimos, os hipônimos nos auxiliam a evitar as repetições inúteis em um texto. Um hipônimo é um termo mais específico (em relação a outro mais geral). Dê um hipônimo para cada vocábulo da lista abaixo.

Exemplo: flor > *margarida*

    a. brinquedo >

    b. calçado >

    c. cereal >

    d. comida >

    e. equipamento >

    f. estação do ano >

    g. idioma >

    h. ingrediente >

    i. mamífero >

    j. matéria (ou disciplina) >

    k. substância >

    l. tempero >

    m. veículo >

8. Faça algumas frases (cinco, no mínimo) em que apareçam hipônimos e hiperônimos, destacando-os.

Exemplo: *Quando eu era criança, era louco por <u>futebol</u>, mas agora não ligo muito para esse <u>esporte</u>.*

9. A enumeração é um importante recurso de coesão que nos permite organizar os itens de uma lista dentro de um texto. Redija um parágrafo para cada um dos esquemas a seguir. Faça referência aos termos previamente mencionados usando técnicas de referenciação diversas.

Exemplo:

Cores → 2 tipos:

> 1. primárias → vermelho, amarelo e azul → formam outras cores quando combinadas;
> 2. secundárias → verde, violeta e laranja → resultam da combinação de cores primárias.

Possíveis respostas:

- *Podemos classificar as cores em dois tipos: cores primárias e cores secundárias. O primeiro tipo inclui as cores vermelho, amarelo e azul, que, quando combinadas, formam outras cores. O segundo tipo, por sua vez, inclui as cores verde, violeta e laranja, que são as cores resultantes das combinações de cores do primeiro tipo.*

- *Pode-se classificar as cores em dois tipos: as primárias e as secundárias. Pertencem ao primeiro tipo as cores vermelho, amarelo e azul, que formam outras cores quando são combinadas. Pertencem ao segundo tipo as cores verde, violeta e laranja, que são o resultado da combinação de cores primárias.*

- *As cores se classificam em dois tipos: primárias e secundárias. O verde, o amarelo e o azul pertencem ao primeiro tipo, o que quer dizer que eles produzem novas cores quando são combinados. O verde, o violeta e o laranja, por sua vez, se encaixam no segundo tipo, o que equivale a dizer que eles são o resultado da combinação de cores do primeiro tipo.*

- *As cores podem ser classificadas em dois tipos: as primárias (vermelho, amarelo e azul) e as secundárias (verde, violeta e laranja). Estas são o resultado da combinação daquelas.*

a. Mamíferos → 2 grupos:
   1. aquáticos → peixe-boi, leão-marinho, foca, morsa etc.
   2. terrestres → porco, gato, leão, cachorro etc.

b. Cursos de pós-graduação → 2 tipos:
   1. Lato Sensu → especialização;
   2. Stricto Sensu → mestrado e doutorado.

c. Palavras (quanto à posição da sílaba tônica) → 3 classificações:
   1. oxítonas → sílaba tônica é a última → *café, angorá, macarrão* etc.;
   2. paroxítonas → sílaba tônica é a penúltima → *circo, farofa, volume* etc.;
   3. proparoxítonas → sílaba tônica é a antepenúltima → *abóbora, pirâmide, lápide* etc.

d. Células (quanto à sua estrutura) → 2 tipos:
   1. eucariontes → possuem núcleo definido;
   2. procariontes → não possuem núcleo definido.

PROPOSTA DE REDAÇÃO I

Redija uma **sequência descritiva** para um texto literário, inspirando-se no trecho de Machado de Assis encontrado na seção de exercícios desta aula. Comece com as mesmas palavras usadas por Machado: "Vivo [...]. A casa em que moro é [...]".

Orientações adicionais

Explore a potencialidade literária desta tarefa. Lembre-se de que, na literatura, o escritor não se preocupa apenas com aquilo que ele quer dizer, mas, sobretudo, com a forma como ele irá fazê-lo. Em outras palavras, o jeito como se diz algo é um importante critério a ser levado em consideração quando se quer classificar um texto como literário ou não literário. Se você está disposto a produzir literatura, o primeiro passo a ser dado é conquistar uma linguagem literária.

Deixe-se levar pelas sensações. Convide o seu leitor a conhecer, através das suas palavras, o *seu* mundo – que pode ser real ou imaginário, e que pode ser de fato seu ou de um personagem inventado por você.

Ao descrever qualquer objeto ou ambiente, permita-se usar adjetivos que você normalmente não usaria na sua fala. Use o dicionário! Busque sinônimos e antônimos; procure por termos rebuscados, exóticos ou irreverentes; arrisque-se a empregar uma expressão nunca antes vista... Deixe-se guiar pela sua criatividade, com o seu próprio estilo, através das suas emoções (que são tão pessoais e únicas), em um fazer literário que é só seu!

Perceba que, mesmo nos textos literários, você pode empregar as ferramentas de referenciação que estudamos nesta aula – sempre atentando para que esse recurso não produza o efeito oposto, dando um aspecto técnico a um texto que pretende ser literário.

PROPOSTA DE REDAÇÃO II

> Redija um **texto didático** acerca de qualquer área do saber científico do seu interesse.

Orientações adicionais

Um texto didático pertence ao tipo explicativo ou expositivo. Portanto, você deverá apresentar ao leitor, de forma objetiva e clara, alguma informação que seja útil e interessante para ele. Ao escrever um texto didático, é muito importante conhecer bem o público-alvo do material. O conhecimento que o autor possui acerca do tema abordado, neste caso, não é suficiente para garantir a produção de um bom texto. Afinal, um texto didático se propõe a ensinar, e todos sabemos que crianças, adolescentes, adultos e idosos aprendem de formas bastante distintas.

Antes de redigir o seu texto, informe-se sobre o assunto que você deseja abordar. Leia trechos de materiais didáticos que estiverem ao seu alcance. Selecione, dentre as informações colhidas, aquelas que você gostaria de incluir no seu próprio material. Em seguida, procure redigir o seu texto didático da maneira mais estruturada, direta, organizada e clara que você conseguir. Sempre que for possível, recorra às ferramentas de referenciação estudadas – anáfora, catáfora e elipse, além do emprego de sinônimos, hipônimos e heterônimos – a fim de deixar o seu texto coeso e agradável.

Coesão (III): Operadores argumentativos

Redigir um texto consiste em um processo dividido em pelo menos duas etapas: primeiramente, a harmonização das ideias no plano lógico (coerência) e, em seguida, a organização explícita dessas ideias através de estruturas gramaticais (coesão).

Já vimos que a coesão pode ser obtida por meio da referenciação, que é o processo em que diversos elementos são inicialmente apresentados e depois mantidos no texto através de retomadas. Assim como a referenciação, os **operadores argumentativos** são ferramentas de coesão que visam à organização das ideias em um texto e, portanto, à sua coerência.

O termo "operadores argumentativos" é bastante genérico. Isso se deve ao seu caráter prático, de emprego comum no contexto da redação. Em termos gramaticais, os operadores argumentativos englobam diversas classes gramaticais, entre as quais destacam-se a **conjunção**, o **advérbio** e as **palavras denotativas** (classificação dada aos termos que não se encaixam com precisão em nenhuma das classes gramaticais clássicas). (Se você desejar dedicar algum tempo a explorar cada uma dessas classes de palavras, faça uma pequena pausa na leitura deste texto e consulte uma boa gramática).

Através dos operadores argumentativos, podemos explicitar com bastante precisão qual é a relação entre duas ou mais ideias presentes em um texto. Apesar de tais operadores serem caracterizados como "argumentativos", eles podem ser usados para organizar as ideias de praticamente qualquer texto, independentemente do seu gênero ou do seu tipo. Ou seja, você pode empregar operadores argumentativos não apenas em textos do tipo argumentativo, mas também em textos narrativos, descritivos, expositivos e injuntivos.

Vejamos, para começar, uma sequência textual desprovida de operadores argumentativos: "A universidade tentou diminuir os índices de evasão do alunado. Não teve êxito." Temos, nesse trecho, duas ideias completas. Ainda assim, falta algo: a explicitação da relação entre as duas ideias. O que a segunda ideia representa em relação à primeira? Seria ela uma adição, alternância, consequência, causa, conclusão, concessão, contraposição...? Pode-se deixar que o leitor deduza qual é a relação entre as ideias, mas, nessa hipótese, não é possível garantir que ele, o leitor, consiga fazer uma leitura compatível com a intenção do autor do texto.

Se o redator do trecho citado realmente quiser expor, de forma evidente, qual é a relação que ele enxerga entre as duas ideias, ele certamente optará por usar um operador argumentativo. Neste caso específico, o operador argumentativo mais eficiente é aquele que indica uma contraposição. O redator dispõe, para expressar uma contraposição, de um grande número de opções de estruturas gramaticais: *mas, porém, entretanto, contudo, apesar disso* etc. Assim sendo, a sequência comentada acima poderia ficar desta forma: "A universidade tentou diminuir os índices de evasão do alunado, *mas* não teve êxito." Outra forma possível seria: "A universidade tentou diminuir os índices de evasão do alunado. *Apesar disso*, não teve êxito."

Perceba que, se o operador argumentativo for trocado por outro cuja função é muito diferente, a relação estabelecida entre as ideias será também diferente. Vamos comprovar isso alterando diversas vezes o operador argumentativo na mesma sequência já citada:

"A universidade tentou diminuir os índices de evasão do alunado. *Ainda* não teve êxito." (indicação de tempo)

"A universidade tentou diminuir os índices de evasão do alunado, *mas ainda* não teve êxito." (relação de contraposição e indicação de tempo)

"A universidade tentou diminuir os índices de evasão do alunado. *Infelizmente*, não teve êxito." (manifestação de uma opinião pessoal)

Observe também que uma escolha imprecisa ou equivocada do operador argumentativo pode provocar uma incoerência textual:

"A universidade tentou diminuir os índices de evasão do alunado. *Por exemplo*, não teve êxito." (texto incoerente)

"A universidade tentou diminuir os índices de evasão do alunado. *Deste modo*, não teve êxito." (texto incoerente)

"A universidade tentou diminuir os índices de evasão do alunado, *por mais que* não teve êxito." (texto incoerente)

Para concluirmos, passemos à seguinte lista (não exaustiva) de operadores argumentativos. Observe atentamente o valor que eles atribuem às ideias do texto. Vale lembrar que existem inúmeros outros operadores argumentativos além dos que estão listados, bem como há diversos outros valores além destes.

VALOR	EXEMPLOS DE OPERADORES ARGUMENTATIVOS
Restrição	*somente, só, apenas*
Ratificação ou esclarecimento	*ou seja, vale dizer, quer dizer, isto é, em outras palavras*
Pressuposição	*até mesmo, até, inclusive, ao menos, no mínimo, até porque*
Explicação ou justificativa	*porque, pois, é que, já que*
Comparação	*mais que, menos que, tão... como, tanto... quanto*
Alternância	*ou... ou, quer... quer, seja... seja, ora... ora*
Contraposição	*todavia, mas, entretanto, porém, contudo*
Conclusão	*portanto, assim, assim sendo, deste modo, então, logo*

Consequência	*em consequência, consequentemente*
Causa	*em decorrência de, por causa de, devido a, porque*
Adição	*e, também, e também, não só... mas também, não só... mas ainda, além disso*
Exemplificação	*como, tais como, tal qual*

EXERCÍCIOS

1. Identifique os operadores argumentativos nas frases abaixo. Diga qual é o valor que eles possuem: restrição, esclarecimento, pressuposição, explicação, comparação, alternância, contraposição, conclusão, consequência, causa, adição e exemplificação.

Exemplo:

O paciente ainda não apresentou melhora. Deste modo, não poderá receber alta hoje.

Resposta:

Operador argumentativo: "deste modo". Valor: conclusão.

a. Você fez todos os cálculos, mas não prestou atenção aos sinais negativos.

b. Rosana estudou para todas as provas. Entretanto, tirou notas baixas em algumas.

c. As emissoras de televisão nacionais estão investindo cada vez mais em suas grades de programação, até porque, se não o fizessem, certamente perderiam audiência.

d. As briófitas são organismos eucariontes – quer dizer, são seres que possuem carioteca (membrana nuclear).

e. Eu fiz um bolo de cenoura porque você disse que gostava.

f. A rua foi interditada em decorrência das fortes chuvas.

g. Eles tanto me humilharam como me agrediram fisicamente.

h. Animais domésticos – como cães, gatos, peixes e pássaros – precisam de cuidados especiais.

i. As vacinas são comprovadamente eficazes contra diversas doenças. Ainda assim, todos os anos muitas pessoas deixam de vacinar-se.

2. Reescreva as frases do exercício anterior, trocando os operadores argumentativos por outros de igual valor. Caso necessário, faça pequenas alterações na pontuação e/ou nos verbos.

Exemplo:

O paciente ainda não apresentou melhora. Deste modo, não poderá receber alta hoje.

Possíveis respostas:

O paciente ainda não apresentou melhora. Logo, não poderá receber alta hoje.

O paciente não poderá receber alta hoje porque ainda não apresentou melhora.

Por ainda não ter apresentado melhora, o paciente não poderá receber alta hoje.

Como paciente ainda não apresentou melhora, não poderá receber alta hoje.

3. Leia o texto a seguir. Em seguida, numere os parágrafos e responda às questões propostas.

Robin Hood, O Justiceiro **(1952)**

Sempre que ouvimos falar em **Robin Hood**, em algum momento pensamos na versão da Disney em que os personagens são animais – sendo o protagonista uma astuta raposa. No entanto, o filme em questão aqui é a versão *live-action*, produzida também pela Disney, com os títulos originais *The Story of Robin Hood* ou *The Story of Robin Hood and His Merrie Men*. No Brasil, o título dado ao filme foi *Robin Hood, O Justiceiro*, enquanto em Portugal o mesmo foi chamado de *Robin dos Bosques, O Justiceiro*.

O *live-action* de Robin Hood, filmado na Inglaterra e lançado por meio da **RKO Pictures**, é do ano de 1952 – sendo, portanto, mais antigo que o desenho, que só estreou vinte e um anos mais tarde. A direção ficou a cargo de **Ken Annakin** (1914-2009) e o elenco foi escolhido a dedo pelo próprio **Walt Disney** (1901-1966).

Quem assiste a essa versão *live-action* não deve imaginar que ela era a segunda experiência da Disney no ramo. Até então, Walt Disney tinha feito somente desenhos animados e apenas um *live-action*, o **Treasure Island** (ou *A Ilha do Tesouro*, no Brasil e em Portugal). A sensação que temos ao ver *The Story of Robin Hood* é a de voltar a uma época distante, em que os dias eram mais longos e as relações humanas eram mais... humanas!

O papel de Robin Hood foi desempenhado – e muito bem, diga-se de passagem – pelo ator **Richard Todd** (1919-2009), enquanto a mocinha da história, Maid Marian, ficou a cargo de **Joan Rice** (1930-1997). Dizem, inclusive, que Joan Rice conseguiu participar do filme por insistência do próprio Walt Disney, já que outros membros da equipe de produção desejavam que a atriz a ser escolhida tivesse mais experiência. Como já era de se esperar, a decisão de Walt foi a mais acertada possível, já que dificilmente teríamos visto uma Maid Marian mais expressiva do que a de Joan Rice.

Em seu aclamado livro *The Disney Films*, o historiador e crítico de cinema **Leonard Maltin** (1950-) diz que *The Story of Robin Hood* conta com caracterizações fortes dispostas em um cenário colorido e suntuoso. Ele diz também que a versão *live-action* é superior, inclusive, à versão em desenho animado de 1973, cujo sucesso fez apagar a memória do filme de 1952.

The Story of Robin Hood foi lançado em vários formatos no mercado americano de *home video*: inicialmente em VHS, no ano de 1987; depois em LD (*laserdisc*), nos anos 1990; posteriormente, em DVD, no ano de 2006, apenas para os membros do Disney Movie Club; por fim, em DVD convencional, em 2009. Apesar de muita pesquisa, não foram encontradas informações sobre quaisquer versões para o mercado brasileiro. Até o momento, também não há divulgação sobre qualquer lançamento em alta definição, mas fica aqui a nossa torcida!

(LEIROZ, Leandro. Robin Hood, O Justiceiro. Disponível em <http://blogtelaepapel.blogspot.com>. Último acesso maio de 2019)

a. A que gênero textual pertence esse texto?

b. Qual é o papel do operador argumentativo "no entanto" empregado no primeiro parágrafo?

c. Releia a última frase do primeiro parágrafo. Nessa frase, o operador argumentativo "enquanto" possui valor de tempo ou de contraste? Quais outros operadores argumentativos podem ser usados em seu lugar sem que haja mudança de significado?

d. Qual é o valor do operador argumentativo "portanto" empregado no segundo parágrafo? Quais outros operadores argumentativos poderiam substituí-lo sem que ocorra mudança de sentido?

e. Ainda no segundo parágrafo, por que uma informação numérica é dada através de algarismos ("ano de 1952") ao mesmo tempo em que outra é dada por extenso ("vinte e um anos mais tarde")?

f. Por que a palavra *live-action* aparece grafada em itálico ao longo do texto inteiro?

g. O que significam os números localizados entre parênteses após os nomes das pessoas mencionadas no texto?

h. No terceiro parágrafo, que outras expressões ou orações poderiam substituir a locução adverbial "até então"?

i. Na última frase do terceiro parágrafo, qual é a função das reticências?

j. No quarto parágrafo, com que finalidade são empregados os travessões?

k. No quarto parágrafo, qual é o valor do operador argumentativo "inclusive"?

l. Ainda no mesmo parágrafo, qual é o valor do operador argumentativo "já que" (empregado duas vezes)?

m. No início do quinto parágrafo, o pronome possessivo "seu" desempenha um papel anafórico ou catafórico? Explique.

n. O último parágrafo inclui uma lista de formatos em que o filme em questão foi lançado. Qual sinal de pontuação foi empregado para separar os itens dessa lista?

o. Ainda no mesmo trecho, qual operador argumentativo foi usado para indicar que o DVD convencional é o último item da lista?

p. Releia esta frase da conclusão: "Apesar de muita pesquisa, não foram encontradas informações sobre quaisquer versões para o mercado brasileiro." Qual palavra dessa frase funciona como operador argumentativo? Usando outros operadores argumentativos, de que formas a frase pode ser reescrita sem que o seu significado seja comprometido?

q. Qual é o valor do operador argumentativo "mas" usado na última frase do texto?

4. Complete as lacunas a seguir com quaisquer operadores argumentativos que sejam capazes de conferir a cada frase um sentido completo, lógico, preciso e explícito.

a. ______________ estivéssemos cansados, continuamos a caminhada.

b. ______________ fui ficando mais velho, fui perdendo a vontade de estudar medicina.

c. ______________ não chova, conseguiremos chegar cedo.

d. ______________ o assaltante conseguisse efetuar um disparo, o policial conseguiu imobilizá-lo.

e. ______________ o avião decolou, as crianças começaram a chorar.

f. ______________ você deixar as panquecas por muito tempo na frigideira, elas certamente vão queimar.

g. Aquele cachorro é muito perigoso. ______________, é melhor você não se aproximar dele.

h. Eu fiz tudo ______________ o diretor me pediu.

i. Jônatas tem tudo para ser feliz, ______________ só vive reclamando.

j. Maristela trabalhou ______________ que acabou desmaiando.

k. Não desligue, ______________ ainda tenho algo muito importante a dizer.

l. Neste texto explicarei, ______________, o que é o Código de Defesa do Consumidor. A seguir, apresentarei um breve histórico do Código. Finalmente, darei instruções para a utilização do Código no dia a dia de uma empresa.

m. Você vai ao mercado ______________ vai ficar em casa?

n. Vou à sua casa no mês que vem. ______________, se você concordar!

5. Determine se as frases são coerentes (C) ou incoerentes (I).

a. _______ Apesar dos meus esforços, fui aprovado no processo seletivo.

b. _______ Não sei se vou ou se fico.

c. _______ Com exceção daqueles que não estiverem com seus pagamentos em dia, os clientes receberão um kit de cosméticos.

d. _______ O taxista virou à esquerda ao invés de dirigir com cautela.

e. _______ Para receber seus brindes gratuitos, você deverá pagar uma pequena taxa.

f. _______ Por mais que algumas lâmpadas estivessem acesas, outras estavam apagadas.

g. _______ Mesmo sem compreender, o aluno conseguiu entender o que o diretor havia dito.

h. _______ Os atendentes deverão recolher todos os cardápios que não estiverem sendo consultados pelos clientes.

PROPOSTA DE REDAÇÃO

> Produza um **verbete enciclopédico** a partir do texto "Robin Hood, O Justiceiro (1952)", encontrado na seção de exercícios desta aula.

Orientações adicionais

Para garantir que você está apto (ou apta) a redigir o seu verbete enciclopédico, releia o texto original tantas vezes quantas forem necessárias, até compreender seus objetivos, sua estrutura e suas informações. Leia, também, alguns verbetes enciclopédicos do seu interesse – preferencialmente sobre a mesma área do saber (neste caso, cinema).

Um verbete de enciclopédia possui, quase sempre, sequências descritivas e expositivas ou explicativas. Para redigir o seu verbete a partir do texto lido, você precisará eliminar todos os trechos que manifestem a opinião do autor sobre o filme em questão.

Ao omitir as opiniões do autor, você precisará suprimir também os operadores argumentativos empregados no texto original – ou substituí-los por outros mais neutros, para atender às características do gênero *verbete* (que geralmente não possui caráter opinativo).

Aula 8

Ambiguidade

Antes de prosseguirmos para o tema da ambiguidade, vamos tratar de um conceito muito importante: o de sintagma. Um **sintagma** é uma unidade linguística composta de um termo principal (chamado de núcleo) e de outros termos ligados a ele. Muito superficialmente, podemos dizer que um sintagma é, portanto, um grupo de palavras que estão interligadas. Na frase "Comprei um bolo de fubá", o grupo de palavras "um bolo de fubá" constitui um sintagma.

Passemos agora ao nosso assunto principal, que é a ambiguidade. Podemos definir a **ambiguidade** como a propriedade que uma unidade linguística tem de apresentar diferentes significados. Isso quer dizer que toda expressão que possui mais de um sentido pode ser classificada, em princípio, como ambígua.

Em um sentido mais amplo, podemos definir a ambiguidade como uma ocorrência indesejável de duplicidade de sentido. Seguindo esse conceito, dizemos que uma expressão é ambígua somente quando o autor não previu, ao escrevê-la, a possibilidade de dupla interpretação. É especificamente este tipo de ambiguidade – a indesejável – que vamos abordar nesta aula.

A ambiguidade desejável – manifestada na forma de polissemia, duplo sentido ou jogo de palavras – é quase sempre intencional, já que configura como uma ferramenta de estilo. A ambiguidade indesejável, por sua vez, é quase sempre acidental e, justamente por isso, é tida como um defeito.

As expressões ambíguas indesejáveis podem ocorrer por inúmeras razões: inocência, descuido, negligência, má-fé, pressa, erro de revisão etc. Um texto com muitas ocorrências de ambiguidade será visto, provavelmente, como mal redigido. Por isso, a ambiguidade é um fenômeno que deve ser evitado a todo custo.

Para entendermos como ocorre a ambiguidade em uma frase, precisamos recorrer ao conceito de sintagma, já mencionado no início desta aula. Muitas vezes, a ambiguidade ocorre porque a estrutura da frase permite ao leitor identificar pelo menos dois sintagmas diferentes com pelo menos um termo comum a ambos.

Vejamos isso de uma forma prática. Consideremos a frase a seguir: "Nunca encontrei, em nenhum supermercado, leite em pó de cabra". O autor dessa frase provavelmente pensou no grupo de palavras "leite em pó" como um sintagma normal e aceitável na língua portuguesa. Podemos representar desta maneira a forma como o autor visualizaria aquilo que escreveu: "Nunca encontrei, em nenhum supermercado, leite em pó de cabra". O que o autor não percebeu, ao redigir a frase em questão, é que há outro grupo de palavras (sintagma) que pode ser visualizado pelo leitor: "pó de cabra". A frase poderia ser visualizada pelo leitor, então, da seguinte maneira: "Nunca encontrei, em nenhum supermercado, leite em pó de cabra".

Por mais que a expressão "leite em pó" seja infinitamente mais frequente do que a expressão "pó de cabra" – e, aceitemos, é bastante improvável que a expressão "pó de cabra" seja proferida espontaneamente pelos falantes da língua portuguesa –, precisamos admitir que os dois sintagmas fazem sentido em nosso idioma. O primeiro ("leite em pó") refere-se a um produto conhecido por todos, enquanto o segundo ("pó de cabra") nos remete a uma ideia esdrúxula ou cômica (mais uma vez, improvável, mas possível). Perceba que esses dois sintagmas possuem pelo menos um elemento em comum: a palavra "pó".

O que podemos concluir a partir do exemplo anterior é que a duplicidade de sintagmas é um dos fatores que contribuem para que o leitor atribua dois sentidos a um texto – fenômeno nomeado, como já sabemos, de ambiguidade. Algo pior pode decorrer desse fenômeno: a identificação exclusiva, por parte do leitor, do sintagma que não foi pretendido pelo autor, em detrimento do sintagma original pretendido pelo autor. No caso ilustrado acima, por exemplo, algum leitor poderia, hipoteticamente, deixar de visualizar o sintagma "leite em pó" (pretendido pelo autor), visualizando apenas o sintagma alternativo, "pó de cabra" (não pretendido pelo autor). Nesse caso, a leitura do texto seria totalmente equivocada – resultado de um descuido do escritor, que deixou passar uma frase em que dois sintagmas diferentes podem ser formados a partir de um mesmo elemento, e também do despreparo do leitor para identificar a verdadeira intenção do autor.

Vale lembrar que a duplicidade de sintagmas não é o único fator responsável pela ocorrência de ambiguidade em uma frase. Diversos outros fenômenos podem fazer com que uma frase resulte ambígua – entre eles, a **plurissignificação lexical** (isto é, os vários significados de uma mesma palavra), algumas **estruturas sintáticas** confusas (que podem ser analisadas de duas formas ou mais), e também alguns problemas de **referenciação** (em que um dado termo pode referir-se gramaticalmente a mais de um elemento do texto).

Vejamos um exemplo de ambiguidade causada por plurissignificação lexical: "No verão é bom evitar a manga". Nesta frase, a palavra "manga" pode significar a fruta ou uma parte específica de uma peça de roupa. Tudo dependerá do **contexto**, que pode ser definido como todo o entorno da frase em questão, incluindo-se até mesmo os elementos externos ao texto (como a situação comunicativa em que tal enunciado foi empregado). Caso o contexto não forneça a solução para essa plurissignificação, a frase será considerada ambígua.

Passemos, agora, a um caso de estrutura sintática que permite duas interpretações: "Ajudei os pacientes com dor de cabeça". Neste caso, não sabemos se o sintagma "com dor de cabeça" está modificando o objeto direto ("os pacientes") ou se ele está ligado ao sujeito oculto ("eu"). Ou seja, a frase não nos permite saber quem estava com dor de cabeça, se os pacientes ou o próprio emissor.

Para concluirmos, vejamos um caso de ambiguidade provocada por um problema de referenciação: "Ana e Luís saíram com os seus netos". Nessa frase, o pronome possessivo "seus" pode referir-se a diversos elementos: a "Ana", por anáfora; a "Luís", por anáfora; a "Ana e Luís", novamente por anáfora; a "Ana" e a "Luís" respectivamente, uma última vez por anáfora; e, por fim, ao leitor da frase, por referenciação exofórica (isto é, para fora do texto). Em outras palavras, não sabemos se Ana e Luís saíram com os netos dela, com os netos dele, com os netos de ambos, com os netos dela e dele (respectivamente) ou com os netos da pessoa que está lendo a mensagem. Mais uma vez, somente o contexto (se houver) poderá resolver esse caso de referenciação ambígua – desde que o leitor esteja preparado para identificar o referente correto dentre todas as possibilidades que o texto oferece.

Lembre-se de que existem outros fatores que ocasionam a ambiguidade. Não vamos estudar todos aqui porque isso seria extensivo e descabido. Mais do que aprender a classificar os tipos de ambiguidade, você deve se preparar para identificá-los nos textos que você lê e, principalmente, a evitá-los naqueles que você redige.

EXERCÍCIOS

1. Identifique as ambiguidades nas frases a seguir. Quais são as interpretações possíveis? Se quiser, use uma estrutura interrogativa para identificar a ambiguidade, como no exemplo.

Exemplo: Preciso comprar uma lata de leite em pó de cabra.

> *Leite em pó ou pó de cabra?*

a. João seguiu o ladrão correndo.

b. Meu pai encontrou o seu patrão com o seu tio.

c. Alice saiu da loja de calçados.

d. O professor pediu aos alunos para não mexerem as cadeiras.

e. Preferimos não visitar o local do bairro que sofreu o atentado.

f. Quantos bancos há naquela praça?

g. Eduardo pediu a Heloísa para sair mais cedo.

h. Quem usa o celular ao volante pode matar.

i. Francisco viu Carlos com o irmão dele.

j. Vendo televisão. *(Adaptado de um "status" de aplicativo de mensagens)*

k. Roberto celebra seus 50 anos cantando. *(Adaptado de manchete de revista)*

l. Não gosto de pessoas chatas como você.

m. Quinta não abre sexta *(Adaptado de manchete de jornal)*

n. A cadela da vizinha foi operada ontem.

o. Por que você está cheirando a canela?

p. Alice discutiu com a irmã por estar alcoolizada.

q. Ele não tem pé de moleque.

2. O texto a seguir possui alguns problemas de redação – sendo a ambiguidade o mais grave deles. Depois de lê-lo atentamente, responda às questões propostas.

Vizinho tortura filha e obriga mãe a segurar vítima durante o ato

O suspeito foi encaminhado para uma penitenciária

Uma adolescente foi torturada por um vizinho dentro de sua própria casa. O suspeito subiu no muro da residência e, pelo quintal, pulou para dentro do imóvel. Depois de arrombar a porta, ele usou uma arma para ameaçar mãe e filha.

A vítima, que preferiu não se identificar, relatou que o suspeito estava bêbado e, além de usar um revólver, a agrediu dezenas de vezes no rosto. A jovem também foi amordaçada. Segundo o relato, a mãe da vítima foi obrigada a segurar a filha enquanto ela era torturada.

O seu pai, que estava no trabalho no momento do crime, foi acionado e conseguiu ligar para a polícia. O homem se rendeu e foi encaminhado para a penitenciária.

(Adaptado de uma matéria postada em um site de notícias)

a. O início da manchete diz: "Vizinho tortura **filha**". Esse trecho esclarece de quem a vítima é filha?

b. O restante da manchete diz: "(...) e obriga **mãe** a segurar vítima (...)". Esse trecho deixa claro de quem a mulher é mãe?

c. O **lide** (localizado imediatamente abaixo da manchete) diz: "O **suspeito** foi encaminhado (...)". O uso da palavra "suspeito" indica que existe uma desconfiança (e não uma certeza) de que o indivíduo em questão tenha praticado o crime relatado. Tal escolha lexical condiz com a manchete?

d. O primeiro parágrafo relata o ocorrido: "Uma adolescente foi torturada por um vizinho dentro de **sua** própria casa". O pronome possessivo "sua" foi empregado, neste caso, de forma precisa?

e. A frase seguinte diz: "O suspeito subiu no muro da **residência** e, pelo quintal, pulou para dentro do **imóvel**." Permutando as palavras "residência" e "imóvel", a frase ficaria deste modo: "O suspeito subiu no muro do **imóvel** e, pelo quintal, pulou para dentro da **residência**." Qual das duas frases é a mais acurada (precisa)?

f. O próximo trecho diz: "(...) ele usou uma arma para ameaçar **mãe e filha**." Essa construção sintática é suficiente para deixar evidente para o leitor que a mãe e a filha em questão não são parentes do homem?

g. O segundo parágrafo começa desta maneira: "A **vítima**, que preferiu não se identificar, relatou que o suspeito estava bêbado (...)". Essa declaração permite que o leitor saiba com precisão qual das duas mulheres fez o relato?

h. A frase continua: "(...) além de usar um revólver, (...)". Observe que há uma elipse no trecho, na posição que cabe ao sujeito do verbo "usar": "(...) além de ø usar um revólver, (...)". Gramaticalmente, esse trecho não está claro, já que o sujeito oculto pode ser interpretado de duas formas distintas. Quais são os sujeitos gramaticalmente possíveis na oração em questão?

i. Em seguida, lê-se: "(...) a mãe da vítima foi obrigada a segurar a filha enquanto **ela** era torturada." O pronome pessoal "ela", nesse trecho, pode referir-se anaforicamente a dois termos da frase, causando ambiguidade. Quais são esses termos?

j. O último parágrafo se inicia assim: "O **seu** pai, que estava no trabalho no momento do crime, (...)". Gramaticalmente, a quais termos o pronome "seu" pode estar ligado? Qual deles era, hipoteticamente, o termo pretendido pelo autor da matéria?

k. O texto informa: "O seu pai (...) foi **acionado** (...)". O verbo "acionar" empregado na frase, apesar de poder ser facilmente compreendido, não foi a melhor escolha vocabular. Que outros verbos poderiam ter sido usados, neste caso?

l. A matéria é concluída com esta frase: "O **homem** se rendeu e foi encaminhado para a penitenciária." O vocábulo "homem" usado nesse trecho pode referir-se a dois termos previamente citados. Quais são esses termos? Qual deles é o único que pode fechar o relato de forma lógica e coerente?

PROPOSTA DE REDAÇÃO

> Reescreva a **matéria jornalística** "Vizinho tortura filha e obriga mãe a segurar vítima durante o ato", encontrada na seção de exercícios desta aula. Escreva no mínimo 100 (cem) e no máximo 250 (duzentas e cinquenta) palavras.

Orientações adicionais

Seu desafio, na execução desta tarefa, consiste em resolver as ocorrências de ambiguidade do texto original e, ao mesmo tempo, manter os fatos inalterados. Como o texto em questão possui alguns problemas de redação, os fatos relatados dependerão bastante do seu ponto de vista e do seu entendimento da história narrada.

Em suma, tente deduzir o que o redator do texto original provavelmente queria dizer e reescreva a matéria usando as suas próprias palavras. Tome cuidado para não cometer as mesmas falhas do texto original ou, o que seria ainda mais indesejável, criar novas ambiguidades!

Aula 9

Modalização

Suponhamos que, em um texto do tipo argumentativo, apareça seguinte frase: "Os brasileiros cuidam muito bem de sua higiene pessoal". Da forma como está redigida, tal frase parece anunciar um fato: os brasileiros cuidam muito bem de sua higiene pessoal, e ponto final. Dependendo do contexto, essa afirmação poderia perder sua validade, pois não existem confirmações para tal fato. Em outras palavras, a frase em questão declara um fato que não pode ser comprovado – portanto, sem validade.

Na frase de exemplo acima, será que conseguiríamos atenuar as palavras do autor de tal modo que a declaração não expressasse um fato? A resposta é sim. Para isso, dispomos de uma ferramenta que, como você já deve prever, se chama modalização.

A **modalização** é, portanto, uma marca que o autor aplica em seus enunciados com a finalidade de alterá-los das mais diversas maneiras. Essa alteração se faz necessária, basicamente, devido à obrigação (ou à vontade) que o escritor tem de não dizer inverdades, não generalizar suas declarações, não exagerar em suas opiniões, não acusar outras pessoas em falso ou sem comprovações, não transformar uma opinião pessoal em um fato, entre inúmeras outras motivações.

Voltemos ao exemplo inicial. Já sabemos que não se pode afirmar que os brasileiros cuidam muito bem de sua higiene pessoal, já que isso seria uma generalização, uma mentira (pelo menos parcialmente), um exagero, uma ilusão etc. Vejamos como ficaria a mesma frase se a modalizássemos das mais diversas maneiras:

"*Muitos* brasileiros cuidam muito bem de sua higiene pessoal."

"*Praticamente todos* os brasileiros cuidam muito bem de sua higiene pessoal."

"*Dizem que* os brasileiros cuidam muito bem de sua higiene pessoal."

"Os brasileiros, *até onde se sabe*, cuidam muito bem de sua higiene pessoal."

As marcações usadas para modalizar um enunciado são chamadas de **modalizadores discursivos**. Nos exemplos acima, os modalizadores são as palavras "muitos", "praticamente todos", "dizem que" e "até onde se sabe". Como você pode observar, diversas estruturas gramaticais podem funcionar como modalizadores, sendo os advérbios, alguns verbos e alguns tempos verbais os modalizadores mais frequentemente usados.

Vejamos uma situação prática. Imagine uma matéria jornalística que afirma o seguinte: "O homem roubou as joias na tarde de ontem". A redação empregada nesse enunciado não deixa dúvidas: o homem cometeu um crime, e esse crime ocorreu na tarde de ontem. Imaginem se, no dia seguinte à publicação dessa matéria, esse mesmo homem é inocentado, provando-se que ele foi vítima de um mal-entendido! Como ficaria a credibilidade do profissional que redigiu a matéria?

Neste caso, o jornalista deveria ter sido mais prudente, recorrendo à modalização, justamente para não acusar o homem sem provas e, ao mesmo tempo, para não comprometer a reputação do periódico para o qual ele, o jornalista, trabalha. Vejamos como poderia ficar esse mesmo enunciado se o autor o marcasse com alguns modalizadores:

"O homem *teria roubado* as joias na tarde de ontem."

"O homem *pode ter roubado* as joias na tarde de ontem."

"O homem *foi acusado de ter roubado* as joias na tarde de ontem."

"*É possível que*, na tarde de ontem, o homem *tenha roubado* as joias."

"*Acredita-se que*, na tarde de ontem, o homem *tenha roubado* as joias."

Os cinco exemplos dados acima contêm modalizadores discursivos que remetem à incerteza do autor acerca do evento narrado ou acerca do momento em que o evento ocorreu. Nos dois primeiros exemplos, os modalizadores ainda não desempenham seu potencial máximo, pois é possível entender que eles estão modalizando somente a locução adverbial "na tarde de ontem" (ou seja, essas frases poderiam sugerir que a incerteza do autor tem relação com o momento em que o roubo ocorreu, e não com o próprio roubo em si). Já nas três últimas frases, não há dúvidas quanto ao momento do roubo (que ocorreu, sem dúvidas, na tarde de ontem), ficando a incerteza relativa apenas à culpa do homem.

Isto significa, então, que os modalizadores do discurso podem alterar partes diferentes de um mesmo enunciado, dependendo da posição em que aparecem ou da forma como são empregados.

Por fim, vejamos alguns contextos em que os modalizadores podem sugerir que o enunciado se trata de uma opinião sobre aquilo que se diz:

"*Felizmente*, todos sobreviveram."

"*Sinceramente*, você não tem condições de resolver esse problema."

"*Francamente*, essa roupa é muito brega!"

EXERCÍCIOS

1. O que é modalização? Explique com suas próprias palavras.

2. Qual das frases a seguir, retiradas de embalagens de xampu, está modalizada? Assinale a opção correta e justifique a sua resposta.

   A. Este produto é antialérgico.

   B. Este produto foi elaborado de maneira a minimizar a possibilidade de surgimento de alergia.

   C. Este produto não provoca alergia.

3. Associe os modalizadores discursivos abaixo às suas funções.

ainda bem que • com certeza • curiosamente • é essencial • é impossível que • é obrigatório • é possível que • é preciso que • é uma pena que • estranhamente • eu acho • faz-se necessário • felizmente • francamente • infelizmente • provavelmente • sem sombra de dúvida • sinceramente • talvez

   a. **Modalizadores epistêmicos** (que expressam certeza, incerteza, possibilidade ou impossibilidade):

   b. **Modalizadores deônticos** (que expressam necessidade ou obrigação):

   c. **Modalizadores apreciativos** (que expressam opinião, análise, apreciação, julgamento ou juízo de valor):

4. Insira modalizadores discursivos nas frases a seguir, seguindo as indicações localizadas entre parênteses. Se necessário, altere os tempos verbais.

Exemplo: Eles estão em casa. (possibilidade)

Respostas possíveis: *Eles devem estar em casa. / Talvez eles estejam em casa. / Pode ser que eles estejam em casa. / Acho que eles estão em casa. / Imagino que eles estejam em casa.*

a. O professor vai dar duas avaliações ao longo do semestre. (possibilidade)

b. O resultado da equação está correto. (incerteza)

c. Ela é irresponsável. (julgamento)

d. Vai chover. (possibilidade)

e. Todos os moradores se lembram de fechar o portão ao sair. (necessidade)

f. Esses biscoitos não contêm glúten. (certeza)

g. Vamos receber uma multa. (possibilidade)

h. Todos os pais e responsáveis compareceram à reunião. (apreciação)

i. Vou chegar atrasado. (possibilidade)

j. Você se alimenta a cada três horas. (necessidade)

k. Os clientes pagam a mensalidade em dia. (obrigação)

Aula 10

Estilo (I): Níveis de linguagem ou registro

Chegamos a um tema que admite muitas interpretações. Afinal, o que é estilo? Vamos adotar aqui as acepções mais tradicionais da palavra estilo no contexto da produção textual. Em linhas gerais, podemos dizer que o termo **estilo** se refere ao modo como usamos os recursos da língua. Em termos mais simples, o nosso estilo é a forma como falamos ou escrevemos.

Observando essa definição mais de perto, podemos perceber que a forma como usamos uma língua tem pelo menos duas subdivisões. A primeira delas diz respeito ao **grau de formalidade ou informalidade** que atribuímos ao nosso discurso – o que, em termos técnicos, chama-se registro ou níveis de linguagem. A segunda subdivisão, por sua vez, relaciona-se com o **grau de abstração** com que usamos a língua – o que, na terminologia, equivale à dicotomia linguagem denotativa versus linguagem figurada.

Em suma, podemos dizer que, no campo da produção textual, o conceito de estilo abrange pelo menos dois aspectos diferentes: a escolha do grau de formalidade e a escolha entre a denotação e a conotação. Esses dois aspectos, combinados, determinarão (pelo menos em parte) o estilo de um escritor.

Nesta aula, vamos falar do primeiro aspecto (o registro), ficando as linguagens denotativa e figurada reservadas para o próximo capítulo.

Registro

Ampliando o que vimos anteriormente, podemos dizer que **registro** é uma variante linguística condicionada pelo grau de formalidade que se pretende alcançar. Sendo assim, podemos falar em **registro formal** e **registro informal (ou coloquial)**. A expressão **níveis de linguagem** é também usada por muitos de forma equivalente a registro.

Apesar de classificarmos o registro, na maioria das vezes, apenas nas duas categorias mencionadas acima, devemos observar que existem muitas nuances (que não recebem classificação) dessas mesmas categorias.

Isso quer dizer, de maneira exemplificada, que dois textos considerados formais não necessariamente possuem o mesmo grau de formalidade, já que um texto pode ser mais formal que o outro. Em outras palavras, dizer que um texto "A" possui registro formal e que um texto "B" também possui registro formal não significa, obrigatoriamente, que ambos os textos possuem registros idênticos.

Pensemos o registro como um termômetro. Da mesma forma que este marca diversas temperaturas, aquele refere-se aos mais diversos graus de formalidade.

O que marca o grau de formalidade de um texto escrito? Não existe uma resposta exata para essa pergunta, mas pelo menos dois elementos precisam ser mencionados: o léxico e a norma culta.

O **léxico** de uma língua é o repertório de palavras que ela possui – o que podemos chamar também de vocabulário. Já a **norma culta** refere-se a um conjunto de regras gramaticais que são impostas aos falantes de uma língua – ou, em termos mais simples, a forma correta de usar um idioma.

Podemos dizer, então, que a escolha do vocabulário e a obediência às regras da gramática prescritiva – mas não apenas isso – são elementos muito importantes para um escritor que esteja atento ao registro que ele pretende imprimir à sua redação. Quanto mais especializado e clássico for o vocabulário, e quanto mais estandardizado for o uso da gramática, mais formal será o texto – o que nos permite concluir facilmente que o sentido oposto nos direcionará a um texto mais informal.

Alguns gêneros textuais (tais como as bulas de remédio, os manuais de instruções, os artigos acadêmicos, os contratos, os regulamentos, as leis, as cartas comerciais, os diários oficiais e as certidões) estão intimamente ligados ao registro formal, enquanto outros (como os *e-mails* pessoais, as postagens em *blogs*, os comentários em redes sociais, as letras de música, os diários pessoais, os bilhetes e as piadas) são geralmente associados ao registro informal (coloquial).

Existem também alguns gêneros que passeiam entre os dois registros, como os textos literários em geral, as matérias de vulgarização científica, as redações escolares etc. O que nos permite identificar esses gêneros não costuma ser o seu registro, mas outras características muito diversas.

EXERCÍCIOS

1. O que é registro? Explique com suas próprias palavras.

2. O registro formal tende à abstração, enquanto o coloquial tende à concreção. Transforme os verbos abaixo em substantivos abstratos que poderiam ser usados em um texto de registro formal.

Exemplo: rejeitar: *rejeição*

 a. adiar:

 b. apreender:

 c. aproximar:

 d. aturdir-se:

 e. compreender:

 f. confirmar:

 g. consentir:

 h. corromper:

 i. decidir:

 j. demonstrar:

 k. derreter:

 l. empenhar-se:

 m. escrever:

 n. exemplificar:

 o. falar:

 p. inaugurar:

 q. lutar:

 r. prescrever:

 s. romper:

3. Faça o mesmo que no exercício anterior, desta vez partindo de adjetivos.

Exemplo: ignorante: *ignorância*

a. alegre:

b. altruísta:

c. belo:

d. digno:

e. doente:

f. espesso:

g. feliz:

h. grande:

i. honesto:

j. idiota:

k. invejoso:

l. jovem:

m. maravilhoso:

n. medroso:

o. otimista:

p. pequeno:

q. pobre:

r. rico:

s. triste:

4. Classifique as palavras e expressões abaixo quanto ao registro (ou nível de linguagem). Escreva F para indicar registro com tendência à formalidade, e C para indicar registro com tendência à coloquialidade.

a. (   ) a gente

b. (   ) atenciosamente

c. (   ) bater as botas

d. (   ) beijos

e. (   ) cadê?

f. (   ) dar condolências

g. (   ) estimado senhor / estimada senhora

h. (   ) fulano, beltrano e sicrano

i. (   ) galera

j. (   ) né?

k. (   ) pirar na batatinha

l. (   ) por obséquio

m. (   ) porventura

n. (   ) respectivamente

o. (   ) termos supracitados

p. (   ) tipo assim

q. (   ) todo mundo

r. (   ) venho por meio deste / vimos por meio deste

PROPOSTA DE REDAÇÃO

> Imagine que você teve uma experiência desagradável em um restaurante. Escreva uma **carta de reclamação** para a rede de restaurantes que lhe causou o problema, explicando o ocorrido e pedindo uma solução para o caso apresentado.

Para ter um bom desempenho nesta tarefa, leia diversas cartas de reclamação e observe a estrutura desse gênero textual. Em seguida, volte a sua atenção ao caráter criativo desta tarefa, respondendo para si mesmo (ou para si mesma) a algumas questões básicas, como:

- Em qual restaurante ocorreu o problema? Invente!
- O que ocorreu? Seja criativo e pense nos detalhes!
- Como você reagiu? Ficou irritado, nervoso, decepcionado, frustrado, envergonhado, abalado, enojado, horrorizado, revoltado, indignado...?
- A equipe do restaurante tentou resolver o problema?
- Relatando o problema por meio de uma carta, o que você espera da empresa?

Redija a sua carta de maneira formal, sucinta, objetiva e, sobretudo, cordial. Lembre-se: você tem um público-alvo muito específico – os profissionais do setor de atendimento ao consumidor da uma rede de restaurantes – e você não quer deixá-los irritados. Muito pelo contrário: você espera que eles tenham empatia e que resolvam o seu problema. Diga a eles, de maneira amigável, o que você espera da empresa – ou seja, esclareça as suas pretensões e, ao mesmo tempo, tente não dar ordens às pessoas que vão ler a sua carta.

Preste especial atenção ao registro da sua carta. Você não deve soar informal, mas tampouco deve exagerar na formalidade. Uma carta extremamente formal não cabe neste contexto situacional, correndo o risco de soar pedante ou, pior ainda, de ser incompreendida pelos destinatários.

Ao atentar-se para o nível de linguagem da sua redação e para o emprego da norma culta, evite pensar em "frases corretas" ou "frases erradas". Em vez disso, prefira recorrer ao conceito de **adequação**: seu texto não deve estar "certo", mas **adequado** àquilo a que se propõe.

Aula 11

Estilo (II): Linguagem denotativa e linguagem figurada

Como você já sabe, um dos fatores que caracterizam o estilo de escrita de alguém é a predileção do autor por um destes dois tipos de linguagem: ou denotativa, ou figurada.

A **linguagem denotativa** (ou **literal**) leva em consideração apenas os sentidos mais básicos (ou primários) das palavras. Desta forma, uma expressão como "vento em popa" significa, em linguagem denotativa, exatamente aquilo que está escrito (e nada além disso): vento em popa. Da mesma forma, o sentido denotativo de "canivete" é literalmente o que você está lendo: canivete (um instrumento usado para cortar).

A **linguagem figurada** (ou **conotativa**), por sua vez, está associada à expressividade que o escritor deseja conferir à sua redação. Quando se diz alguma coisa em sentido figurado, as palavras vão muito além dos seus usos primários, alcançando sentidos mais abstratos ou, dependendo do caso, mais sofisticados. Desta forma, entendemos que "estar de vento em popa", em linguagem figurada, equivale a "estar feliz". Entendemos também que "chover canivetes", em linguagem figurada, significa o mesmo que "chover muito" – significados que passam longe daquilo que está, de fato, escrito.

Como a linguagem denotativa é mais óbvia (pelo menos em teoria), vamos dispender mais tempo falando sobre a linguagem figurada. Vamos falar, mais especificamente, sobre as chamadas figuras de estilo, também conhecidas como figuras de linguagem ou figuras de retórica.

As **figuras de estilo** são recursos que nos permitem expressar uma ideia em sentido figurado, conferindo mais expressividade ao texto e, consequentemente, obrigando o leitor a submergir a um segundo plano de leitura.

A seguir, vamos observar mais detalhadamente as principais figuras de estilo, que são a metáfora, a comparação, a metonímia, a onomatopeia, a sinestesia, a hipérbole, o eufemismo, a ironia e a prosopopeia.

Metáfora

É a figura de linguagem que nos permite fazer comparações de forma implícita. Ao associarmos um elemento a outro através da metáfora, estamos atribuindo ao primeiro elemento as principais características do segundo. Ao dizermos, por exemplo, "Aquela menina é uma princesa", não queremos dizer que ela é literalmente um membro da realeza, mas que ela possui algumas das características básicas de uma princesa: gentileza, graciosidade, comportamento modelo, dignidade, ares de uma pessoa especial etc.

Segundo a linguística cognitiva, as expressões metafóricas

provêm das **metáforas conceptuais**, que são ideias metafóricas que se manifestam no plano do pensamento (antes mesmo de chegarem ao plano da linguagem). Vejamos um exemplo: em um plano bastante abstrato, é comum pensarmos que a alegria é "para cima", enquanto a tristeza é "para baixo". Temos aí, portanto, duas metáforas conceptuais – isto é, ideias metafóricas pertencentes ao plano do pensamento. A partir dessas metáforas conceptuais, surgem incontáveis expressões metafóricas no plano da língua (falada e escrita), tais como:

"Hoje eu estou *nas nuvens!*" (muito feliz)

"Por que você está *tão para baixo* hoje?" (tão triste)

"Ele está *no fundo do poço!*" (extremamente triste, deprimido).

Observe, na tabela abaixo, algumas metáforas conceptuais acompanhadas de exemplos práticos (expressões metafóricas).

METÁFORAS CONCEPTUAIS	EXPRESSÕES METAFÓRICAS
INTIMIDADE É PROXIMIDADE FÍSICA	"Meu irmão e eu somos *unha e carne.*"
	"Nunca fui *muito próximo* dos meus primos."
AFEIÇÃO É TEMPERATURA	"Não sei por que ela é *tão fria.*"
	"Eles tiveram uma paixão *fervorosa.*"

PROVA É GUERRA	*"Levei bomba* na prova!"
	"Arrasei no teste de geografia."
AMOR É VIAGEM	"Depois de tantos anos de casamento, decidiram *tomar caminhos diferentes.*"
	"Nosso amor *chegou ao fim da linha.*"

Comparação

É o estabelecimento de um paralelo entre dois ou mais elementos quaisquer por meio de operadores argumentativos ("como", "feito", "que nem", "mais que", "menos que", "tanto quanto" etc.). Exemplos:

"Ele falava *mais que* um papagaio."

"Você fala inglês *como* um nativo!"

"Meu filho é *que nem* um dicionário: tem um vocabulário impressionante!"

Metonímia

É a substituição de um referente por uma palavra ou expressão fora do seu contexto semântico habitual. Ao dizermos, por exemplo, "Ele bebeu apenas uma garrafa", estamos usando a palavra "garrafa" para substituir o referente "bebida contida na garrafa". Veja, na tabela a seguir, alguns tipos muito recorrentes de metonímia, acompanhados de exemplos práticos.

TIPOS DE METONÍMIA	EXEMPLOS DE METONÍMIA
Matéria por objeto	"Onde está o ouro?" (dinheiro ou objetos de valor)
Autor por obra	"Estudo Clarice." (a obra de Clarice Lispector)
Morador por morada	"Ela está no Walter." (na casa do Walter)
Continente por conteúdo	"Usei dois potes de doce de leite para fazer esta sobremesa." (o doce de leite de dois potes)
Causa pelo efeito	"Vivo do meu trabalho." (do resultado – salário, dinheiro – do meu trabalho)
Singular pelo plural	"Criança precisa de cuidados." (as crianças em geral)

Onomatopeia

É a reprodução aproximada (ou imitação) de um som externo à língua por meio dos sons da língua e da sua correspondente forma escrita. Ao escrevemos "zigue-zague", por exemplo, estamos usando os sons da língua portuguesa (e sua versão escrita) para representar um som do mundo. Outros exemplos frequentes: "atchim", "tique-taque", "zum-zum-zum" e "vrum". Note que existem onomatopeias que estão dicionarizadas (como "miau" e "au-au") e outras que não estão (como "*splash*", proveniente do inglês, muito usada para representar, por exemplo, o som que se ouve quando uma pessoa pula vigorosamente em uma piscina).

Sinestesia

Refere-se ao uso combinado de palavras que, separadamente, referem-se a sensações muito distintas uma da outra. Se alguém diz, por exemplo, "A escuridão era ensurdecedora", essa pessoa está combinando duas palavras que se referem a sensações diferentes: "escuridão" conecta-se com o campo da visão, e "ensurdecedora" liga-se ao campo da audição.

Hipérbole

É um exagero que confere expressividade ou ênfase ao que se diz. Quando alguém diz "morrer de rir", sabemos que não estamos falando de uma morte literal, mas de uma risada prolongada, exagerada etc. Mais exemplos:

"Fiquei *morrendo* de medo!"

"Ela chorou *rios* de lágrimas."

"Gustavo tem *milhares* de amigos."

"Quanto tempo! Estou há *séculos* sem ver você!"

Eufemismo

Consiste na substituição de um termo desagradável, ofensivo ou inconveniente por outro termo mais agradável ou de mais fácil aceitação. Se uma pessoa diz, por exemplo, "Nosso amado bisavô nos deixou hoje", fica evidente que ela está evitando usar o verbo "morrer", que soa mais agressivo. Mais exemplos:

"Ainda não *dormiram juntos.*" (tiveram relações sexuais)

"Alguém precisa limpar *o presente* que o cachorro deixou no chão." (as fezes)

"É uma escola para adolescentes *especiais.*" (deficientes, portadores de deficiência)

"Ela é *acompanhante.*" (prostituta)

"Eles vivem da *caridade* dos pedestres." (esmola)

"O que o senhor está dizendo é uma *inverdade!*" (mentira)

"Preciso *ir ao banheiro.*" (defecar, urinar etc.)

"Quantos pertences ele *subtraiu* da senhora?" (roubou, furtou)

Ironia

Consiste em usar um termo diferente ou oposto àquele que se quer dizer. Alguns exemplos:

"Você *é um santo*! Precisa *ser canonizado* urgentemente!"

"Faltou energia elétrica de novo. *Que beleza!*"

"Acabou a gasolina. Era *tudo o que a gente precisava* agora."

"Você não disse nada desde que chegou. *Vai ganhar o concurso de miss simpatia!*"

Prosopopeia ou personificação

É a atribuição de traços humanos a seres inanimados. Exemplos:

"Esta é uma casa *de personalidade forte*."

"Olha como o dia está *alegre* hoje!"

"Essas nuvens *tristes* enfeiam o céu."

"A natureza *está pedindo socorro*."

EXERCÍCIOS

1. Qual é a diferença entre conotação e denotação?

2. O que são figuras de estilo?

3. Qual é a diferença entre metáfora conceptual e expressão metafórica?

4. Pesquise e leia um texto literário curto ou relativamente curto. Sublinhe algumas das figuras de estilo empregadas pelo autor. Em seguida, classifique-as.

Textos sugeridos:

- *A Hora da Estrela*, de Clarice Lispector.

- *A Mina de Ouro*, de Maria José Dupré.

- *Doze Lendas Brasileiras*, de Clarice Lispector.

- *O Cachorrinho Samba na Floresta*, de Maria José Dupré.

- *Os 101 Dálmatas*, de Dodie Smith.

- *Peter Pan*, de J. M. Barrie.

PROPOSTA DE REDAÇÃO

Escreva um **poema lírico**. Tente empregar algumas figuras de estilo em seu texto.

Os poemas líricos tratam dos pensamentos e dos sentimentos daquele que declama, que pode ser o próprio poeta (o autor do texto) ou o eu-lírico (o sujeito ficcional que dá voz ao texto).

Quanto à forma, os poemas líricos costumam ser estruturados em estrofes, as quais, por sua vez, são compostas de versos (linhas).

Decida se você vai optar por versos livres ou por versos rimados e metrificados. Se não souber diferenciar os tipos de versos, faça uma breve pesquisa.

Lembre-se que, na linguagem literária, o importante não é apenas o que se diz, mas, sobretudo, o modo como se diz aquilo que se diz. Portanto, ao escrever um texto literário – e ao escrever um poema, principalmente –, procure dar preferência à linguagem conotativa em detrimento da linguagem denotativa.

Na poesia, o céu é o limite!

Aula 12

Narração

As aulas anteriores procuraram oferecer a você as ferramentas básicas para escrever textos dos mais variados tipos e gêneros. Ainda assim, faltaram algumas ferramentas indispensáveis à escrita de textos narrativos, posto que essa tipologia textual possui características muito próprias e que merecem uma observação mais cuidadosa. O que faremos nesta aula, portanto, é tratar exclusivamente da narrativa.

Narrar significa contar algo. Os textos pertencentes ao tipo narrativo, portanto, servem para contar uma história. Aquilo que esses textos contam depende, obviamente, da intenção de cada texto. Um mesmo indivíduo pode contar uma história ficcional, uma história verídica (um fato), uma história ficcional baseada em fatos, uma piada ou até mesmo uma mentira. A escolha do tema e da forma como a história será narrada são os elementos que determinarão o gênero do texto produzido.

Os principais **gêneros** vinculados ao tipo narrativo são: romance, conto, conto de fadas, crônica, relato, notícia, piada e fábula.

Elementos da narrativa

As sequências narrativas e os textos narrativos costumam possuir os seguintes elementos:

- **Enredo**: é o mesmo que **trama**. Trata-se de uma sucessão de acontecimentos.
- **Narrador**: é aquele que conta a história.
  - ➢ **Narrador observador**: é aquele que conta a história na terceira pessoa do discurso (*ele, ela, eles, elas*).
  - ➢ **Narrador personagem**: é aquele que relata na primeira pessoa do discurso (*eu, nós*).
- **Personagens**: é uma figura humana ou animada sobre a qual se fala (ou a própria pessoa que fala, no caso do narrador personagem).
  - ➢ Ao personagem principal dá-se o nome de **protagonista**.
  - ➢ Àquele que age contra os interesses do personagem principal chamamos **antagonista**.
- **Tempo**: é o período em que a história ocorre, podendo ser **cronológico** ou **psicológico**.
- **Espaço**: é o lugar em que a história se passa.

Tipos de discurso

Na narrativa podem ocorrer três categorias de discurso:

- **Discurso direto**: é aquele em que as falas dos personagens são transcritas de forma precisa, nas palavras exatas proferidas por eles. Neste tipo de discurso, o narrador introduz a fala do personagem com **verbos declarativos** (ou **verbos dicendi**), dentre os quais podemos destacar os seguintes: *dizer, falar, exclamar, perguntar, retrucar, responder, reclamar, contestar, reclamar, frisar, indagar.* As falas dos personagens podem aparecer entre aspas ou depois de travessões. Observe que, ao optar por introduzir a fala de um personagem através do uso do travessão, você poderá devolver a voz ao narrador fazendo uso desse mesmo sinal de pontuação, como no exemplo a seguir:

"– Suas encomendas já chegaram – disse o carteiro." Neste exemplo, os travessões indicam as falas do personagem e do narrador, nessa ordem. Note que o verbo declarativo ("disse") fica com letra minúscula, pois não está em início de frase (apesar de estar em início de oração). Observe, por fim, que a frase leva um único ponto final, localizado após os dizeres do narrador.

- **Discurso indireto**: é aquele em que o narrador toma a liberdade de parafrasear o que foi dito pelos personagens, evitando repetir, desta maneira, a repetição das palavras exatas proferidas por eles. Nesse tipo de discurso, usam-se bastante as conjunções "que" e "se": *Fulano disse que..., perguntou se..., respondeu que...* etc. Além desse recurso, o narrador emprega outros, como o uso de verbos que substituem falas inteiras, tais como *negar, recusar, aceitar, concordar, discordar* etc., como nestes exemplos: *Fulano negou-se a..., recusou-se a..., aceitou..., concordou com..., discordou de* etc.

- **Discurso indireto livre**: é aquele em que a fala do narrador se confunde com a fala do personagem. Neste caso, o narrador pode atuar como se fosse algum personagem da história, mas sem indicar onde termina o seu próprio pensamento ou onde começa o pensamento do personagem. Exemplo: "Fulana estava exausta. Não conseguia acreditar que já eram seis horas da manhã. Mas já tocou o despertador?!" Nesse trecho, a última frase ("Mas já tocou o despertador?!") poderia ser atribuída à personagem, mas, como não há nenhum tipo de marcação de transferência de fala (como aspas, travessões ou quaisquer outros marcadores), a frase está sendo proferida, tecnicamente, pelo narrador.

Os tempos verbais na narrativa

Ao narrar, é fundamental que o escritor se atente para o uso correto dos tempos verbais – e por "correto" entenda-se "lógico, coerente, preciso". Ao iniciar uma contação de história no pretérito perfeito do indicativo, o narrador não deve mudar repentinamente, digamos, para o presente do indicativo – a menos que haja um bom motivo para tal mudança.

Um outro aspecto a ser levado em conta é o de que uma gama de tempos verbais pode ser aplicada a um texto. Em outras palavras, é quase impossível contar uma história usando um único tempo verbal. Uma série de outros tempos verbais poderão coexistir ao lado do tempo verbal principal, que servirá de referência para todos os outros.

EXERCÍCIOS

1. O que significa narração?

2. Quais são os elementos da narrativa?

3. Quais são os três tipos de discurso empregados nos textos narrativos? Como eles se diferenciam?

4. Leia o seguinte trecho de um texto narrativo e faça as tarefas pedidas.

O rebanho de Ananda

Em uma estrada no interior do estado do Rio de Janeiro, uma mulher está encostada em uma cerca quando um carro de luxo para ao seu lado e dele desce um homem de estatura média, cabelos pretos, pele branca, que aparenta ter uns quarenta anos. Assim que desce do carro, o homem olha para onde a mulher está – mais precisamente para o rebanho de vacas atrás dela. Após uma boa analisada, o homem se aproxima da mulher e eles começam a conversar.

– Bom dia, senhorita.

– Bom dia, seu moço. Posso lhe ajudar em algo?

– Sim, minha querida. Como você se chama?

– Meu nome é Ananda. E o seu, moço? Se é que eu posso saber.

– Claro. Pode me chamar de Tony. Então, minha querida...

– Diga, seu Tony.

– Eu queria comprar o seu rebanho.

– Mas eu não posso vender esse rebanho, seu Tony...

(LEAL, Dagner. O Rebanho de Ananda. In: *Do Rebanho de Ananda ao Fim: Contos Diversos para Momentos Diversos*. Niterói: Gato de Biblioteca, 2019.)

a. A que gênero textual pertence o texto?
b. Qual é a pessoa do discurso, primeira ou terceira?
c. Como se classifica o narrador desse texto?
d. Que tipo de discurso é empregado no texto?
e. Qual é o principal tempo verbal empregado no parágrafo introdutório?
f. Reescreva o parágrafo introdutório usando o passado como tempo de referência. Empregue o pretérito perfeito e o pretérito imperfeito do indicativo, conforme apropriados.

5. Leia o trecho abaixo. Em seguida, consulte o texto integral de Clarice Lispector e faça o que se pede.

A mulher que matou os peixes

Essa mulher que matou os peixes infelizmente sou eu. Mas juro a vocês que foi sem querer. Logo eu! Que não tenho coragem de matar uma coisa viva! [...]

(LISPECTOR, Clarice. *A mulher que matou os peixes*. São Paulo: Editora Rocco, 2017.)

Determine:

a. os elementos do texto nos permitem afirmar que ele pertence ao tipo narrativo;
b. o gênero textual ao qual pertence o texto;
c. a pessoa do discurso (primeira ou terceira);
d. a classificação do narrador;
e. quem é o narrador da história;
f. os principais tempos verbais empregados ao longo do texto.

6. Pesquise e leia (se possível, na íntegra) um dos textos sugeridos abaixo. Em seguida, responda às questões.

Textos sugeridos:

- *A Ilha Perdida*, de Maria José Dupré.
- *Barba Azul*, de Charles Perrault.
- *Cinderela*, de Charles Perrault.
- *E Não Sobrou Nenhum*, de Agatha Christie.
- *Éramos Seis*, de Maria José Dupré.
- *Harry Potter e a Pedra Filosofal*, de J. K. Rowling.
- *História Triste de Tuim*, de Rubem Braga.
- *O Cachorrinho Samba*, de Maria José Dupré.
- *O Coração Delator*, de Edgar Allan Poe.
- *O Mágico de Oz*, de Frank Baum.
- *O Pequeno Príncipe*, de Antoine de Saint-Exupéry.
- *Os Barcos de Papel*, de José Maviael Monteiro.
- *Poliana*, de Eleanor H. Porter.

Perguntas:

a. Que elementos do texto nos permitem afirmar que ele pertence ao tipo narrativo?

b. A que gênero textual pertence o texto?

c. Qual é a pessoa do discurso, primeira ou terceira?

d. Como se classifica o narrador desse texto?

e. Quem é o narrador da história?

f. Quais são os principais tempos verbais empregados no texto?

g. Quais são os aspectos mais criativos da obra lida?

PROPOSTA DE REDAÇÃO

Escreva um texto curto do **tipo narrativo**. Escolha o gênero que mais se adeque à história que você deseja contar: conto, conto de fadas, fábula, piada, diário pessoal, postagem de *blog*, *e-mail* informal ou qualquer outro gênero em que a narração seja o tipo textual predominante.

Orientações adicionais

Como o seu texto deve ser obrigatoriamente curto, tome o cuidado de não escolher um gênero que demande um texto longo (como o romance). Lembre-se, também, de que um texto curto geralmente não dá espaço para histórias paralelas ou secundárias – o que significa que tampouco deve haver muitos personagens.

Depois de selecionar o gênero pretendido, leia alguns textos pertencentes ao mesmo gênero, com a finalidade de observar os seus traços mais característicos. Você também pode fazer o processo oposto: ler, primeiramente, textos pertencentes aos mais variados gêneros, para somente depois selecionar o gênero com o qual pretende trabalhar.

Antes de redigir a sua história, defina com precisão os elementos-chave da sua narrativa: pessoa do discurso (isto é, narração em primeira pessoa ou em terceira pessoa), personagens principais (heróis, protagonistas, antagonistas etc.), personagens secundários ou coadjuvantes (apenas se imprescindíveis), argumento, trama, clímax e desfecho. Decida se os personagens precisam receber nomes e descrições detalhadas (de aspecto físico ou de personalidade).

Se desejar, responda às perguntas "clássicas" da narrativa a fim de planejar a sua história com mais facilidade: "Quem? O quê? Onde? Por quê? Para quê? Quando? Como?" Sua história poderá responder a todas ou a algumas dessas perguntas (não necessariamente nessa mesma ordem).

Escolha o tempo verbal mais apropriado para a sua narrativa – sabendo que os tempos mais frequentes nos textos narrativos são o pretérito perfeito do indicativo (*chegou, começou, disse, fez, entrou, perguntou* etc.) e o presente do indicativo (*chega, começa, diz, entra, pergunta* etc.).

Atente-se para o fato de que o tempo verbal escolhido para narrar os fatos principais da história servirá como referência para todas as demais ações e descrições presentes no seu texto. Se você decidir, por exemplo, narrar a sua história no pretérito perfeito, as descrições do ambiente deverão ser feitas obrigatoriamente no pretérito imperfeito, como no exemplo a seguir: "Os garotos *decidiram* subir a montanha, que não *parecia* ser muito íngreme". Nessa frase, a ação principal é expressa pelo pretérito perfeito (*decidiram*), enquanto a descrição do ambiente se realiza por meio do pretérito imperfeito (*parecia*). Empregando-se o presente do indicativo, a mesma frase ficaria assim: "Os garotos *decidem* subir a montanha, que não *parece* ser muito íngreme".

Aula 13

Aspectos mecânicos do texto

Os **aspectos mecânicos** são aqueles que garantem a correção no nível mais superficial do texto. Entram aqui, então, elementos como a **ortografia**, a **pontuação**, a **acentuação**, e algumas regras da gramática prescritiva.

Seria interessante que você revisasse cada um desses assuntos separadamente. Na presente aula, veremos alguns dos tópicos mencionados acima, mas não de forma exaustiva – o que significa que você deve consultar uma boa gramática normativa caso tenha interesse em estudar esses temas de maneira mais aprofundada ou com maior rigor.

ORTOGRAFIA E AFINS

Letras maiúsculas

Use letras maiúsculas nos seguintes casos:

- Nomes próprios (incluindo geográficos): *Ana Beatriz, Costa do Marfim, América do Sul.*

- Citações completas: *Ele disse: "Chegarei cedo"*.

- Datas, festividades, feriados etc.: *Dia do Trabalho, Sete de Setembro, Natal, Ano Novo, Revolução Francesa, Dia da Bandeira*

- Palavra usada como conceito político: *o Estado Novo, a Federação*.

- Instituições e órgãos: *Supremo Tribunal Federal, Museu de Arte Moderna*.

- Leis conhecidas pelo nome: *Lei Áurea, Lei Maria da Penha, Lei das Diretrizes e Bases*.

- Período histórico: *Idade Média, Antiguidade, Era Cristã*.

Letras minúsculas

Use letras minúsculas nos seguintes casos:

- Cargos, títulos e profissões: *presidente, papa, sir, mestre, doutor*.

- Disciplinas escolares e acadêmicas: *matemática, biologia, direito, linguística*.

- Adjetivos gentílicos: *brasileiro, nova-iorquino, tijucano, mexicano*.

- Meses: *janeiro, maio, julho, dezembro*.

- Dias da semana: *segunda-feira, quinta-feira, domingo*.

- Estações do ano: *primavera, inverno*.

PARALELISMO

No contexto da produção textual, o termo **paralelismo** se refere à prática de atribuir características idênticas a duas ou mais partes de um enunciado (quando essas partes desempenham papéis iguais), conferindo ao texto um aspecto mais uniforme e organizado. Na maioria das vezes, o paralelismo favorece a escrita do ponto de vista mecânico, mas também pode desempenhar funções de coesão e de estilo.

Para visualizarmos na prática o que foi explicado, vamos partir de um exemplo em que <u>não</u> ocorre paralelismo: *"Nossa loja abre *de* segunda à sexta". Nessa frase, podemos observar que a preposição "de" foi usada sem artigo, ao passo que a preposição "a" foi contraída com o artigo definido "a", transformando-se em "à" (daí a crase, que consiste em empregar o acento grave a fim de indicar que houve uma contração).

Para que os elementos desse enunciado (*"Nossa loja abre *de* segunda à sexta") fiquem paralelos, precisamos escolher entre:

- 1ª opção – usar as duas preposições de forma independente ("de" e "a");
- 2ª opção – usar ambas em suas formas contratas ("da" e "à").

Há, portanto, duas formas de aplicar o princípio do paralelismo nessa frase:

"Nossa loja abre *de segunda* *a sexta*."

"Nossa loja abre *da segunda* *à sexta*."

EXERCÍCIOS

1. O que são os aspectos mecânicos de um texto?

2. Que relevância têm, para você, os aspectos mecânicos de um texto?

3. Todas as palavras e expressões a seguir estão grafadas propositalmente em CAIXA-ALTA. Reescreva-as usando letras minúsculas ou maiúsculas, conforme as regras vigentes.

VERÃO • SEXTA-FEIRA • IDADE MÉDIA • LEI ÁUREA • NOVEMBRO • ARGENTINO • GEOGRAFIA • DEPUTADO • NATAL • DIA DA BANDEIRA • MARIA EDUARDA • REVOLUÇÃO FRANCESA • FIM DE SEMANA

4. Reescreva as frases a seguir empregando letras maiúsculas, letras minúsculas, acentos, sinais de pontuação, cedilhas e hifens onde apropriados.

> a. quando ocorreu a revolucao francesa

> b. por que voce nao veio a aula ontem

> c. vamos comprar cinco cachorros quentes dois hamburgueres e uma coca cola grande

5. Todas as frases a seguir apresentam quebra de paralelismo. Identifique (visualmente) as estruturas em que o princípio do paralelismo não esteja sendo aplicado. Em seguida, reescreva as frases, fazendo com que suas estruturas fiquem paralelas.

Exemplos:

Fomos à Bienal do Livro hoje e amanhã iremos ao Jardim Botânico.

Hoje fomos à Bienal do Livro e amanhã iremos ao Jardim Botânico. / Fomos à Bienal do Livro hoje e iremos ao Jardim Botânico amanhã.

O cabelo do Eduardo é mais comprido que o Cláudio.

O cabelo do Eduardo é mais comprido que o (cabelo) do Cláudio.

a. Eu estudo da terça à sexta-feira.

b. Eu preciso de pimentões, de orégano, de cebolinha, salsinha e pimenta-do-reino.

c. Os materiais de escritório mais vendidos na nossa loja são cadernos, lápis, canetas, fita adesiva e lapiseiras, nessa ordem.

d. Este artigo trata das relações de convivência estabelecidas entre diretores e funcionários, professores e alunos, responsáveis e professores, entre diretor e professor e entre professor e os demais funcionários da escola.

e. Eu, Fernanda Manuela, cabeleireira, especialista em corte e química capilar e colorista, vou adorar cuidar dos seus cabelos.

PROPOSTA DE REDAÇÃO

Escreva um trecho de **roteiro** para peça de teatro. Seu diálogo deverá oferecer material suficiente para cobrir pelo menos um minuto de atuação.

Orientações adicionais

Nos roteiros para peças de teatro, os nomes dos personagens costumam ser escritos em caixa-alta e centralizados, enquanto as falas dos personagens aparecem logo abaixo dos seus nomes, alinhadas à esquerda. Veja este exemplo:

RENATA

Oi, gente! Desculpem o atraso! Peguei um baita engarrafamento.

Se quiser, adicione mais informações ao seu roteiro, tais como notas sobre o humor e o comportamento dos personagens (*esbaforida*, *agitada*, *envergonhada*, *sem graça*...) e indicações de ações dos personagens (*abrindo a porta*, *olhando para o relógio*, *secando o suor da testa*...).

Para saber como inserir essas e outras informações no seu texto, consulte algum roteiro de peça de teatro da sua preferência. *O Auto da Compadecida*, de Ariano Suassuna, fica como sugestão de modelo para o seu texto.

Variação desta atividade: transforme uma conversa telefônica (ou de aplicativo de mensagens) em um roteiro!

Aula 14

Exercícios de revisão

Se você chegou até aqui, supõe-se que já passou pelas treze aulas anteriores. Nesta aula, você está convidado/a a revisar tudo o que estudamos até este ponto. Faça as tarefas a seguir com atenção e verifique as suas respostas usando o gabarito que se encontra no fim deste volume. Caso cometa erros, não se desespere. Você sempre pode revisar aquilo que não tenha ficado suficientemente esclarecido. Mãos à obra!

Marque a opção correta.

1. Um texto que conta uma história pertence ao _______ narrativo.

    a. tipo

    b. gênero

2. Contos de fadas, crônicas e resenhas críticas são exemplos de _______ textuais.

    a. tipos

    b. gêneros

3. Em um texto argumentativo, um trecho que conta uma história constitui _______.

    a. um texto narrativo

    b. uma sequência narrativa

4. Um texto que procura dar informações que o leitor necessita obter ou aprender pertence ao tipo _______.

    a. injuntivo

    b. explicativo

5. Um texto que mostra como executar uma tarefa passo a passo pertence ao tipo _______.

    a. injuntivo

    b. explicativo

6. Uma bula de remédio pertence principalmente ao tipo _______.

    a. descritivo

    b. explicativo

7. Os textos costumam _______.

    a. ser integralmente de um único tipo

    b. ter características de vários tipos, sendo um deles predominante

8. Um texto tem ______ quando o seu conteúdo é um conjunto harmônico de ideias.

    a. coerência

    b. coesão

9. Quando as ideias de um texto entram em conflito, se contradizem, se anulam ou se fazem ambíguas, dizemos que o texto é ______.

    a. incoerente

    b. redundante

10. Um ______ é um conjunto de premissas seguido de uma conclusão.

    a. sofisma

    b. argumento

11. A falha de argumentação em que a justificativa de um ponto de vista se dá através da repetição desse mesmo ponto de vista chama-se ______.

    a. argumentação redundante

    b. generalização apressada

12. A falha de argumentação que consiste em apelar para o uso do nome de alguém considerado importante chama-se ______.

    a. falsa causa

    b. argumento de autoridade

13. Na frase "Vou ao escritório todos os dias pedalando em minha bicicleta." há uma ocorrência de ______.

    a. falsa causa

    b. redundância

14. À conexão e à organização das ideias por meio de palavras dá-se o nome de ______.

    a. coerência

    b. coesão

15. Os pronomes, os advérbios, os sinônimos e as conjunções são exemplos de estruturas ______.

    a. coerentes

    b. coesivas

16. ______ uma ideia significa repetir tal ideia usando as suas próprias palavras.

    a. Amarrar

    b. Parafrasear

17. Uma das ferramentas que nos permitem retomar um termo previamente mencionado no texto é a ______.

    a. anáfora

    b. catáfora

18. Na frase "Preciso que você traga *o seguinte*: uma borracha, um marca-texto e um apontador" ocorre um exemplo de ______.

    a. anáfora

    b. catáfora

19. Na frase "Eu ia ao shopping, mas não vou mais ø", o símbolo de vazio (ø) foi empregado para indicar o local da frase em que ocorre uma ______.

    a. referenciação exofórica

    b. elipse

20. A fim de evitar a repetição de palavras em um texto, pode-se recorrer à ______, empregando-se, por exemplo, a palavra "felino" para não repetir a palavra "gato".

    a. sinonímia

    b. enumeração

21. "Orquídea" é um ______ de "flor".

    a. hipônimo

    b. hiperônimo

22. "Horrendo" é um ______ de "belíssimo".

    a. antônimo

    b. homônimo

23. O operador argumentativo "portanto" possui valor de ______.

    a. pressuposição

    b. conclusão

24. Um ______ é uma unidade linguística composta de um termo principal (chamado de núcleo) e de outros termos ligados a ele.

    a. operador argumentativo

    b. sintagma

25. ______ é a propriedade que uma unidade linguística tem de apresentar diferentes significados.

    a. Ambiguidade

    b. Sintaxe

26. ______ são marcas que o escritor aplica em seus enunciados com a finalidade de alterá-los a fim de não dizer inverdades, não generalizar, não exagerar, não acusar alguém em falso, não transformar uma opinião em um fato etc.

    a. Modalizadores

    b. Operadores argumentativos

27. Na frase "Até onde se sabe, todos os passageiros sobreviveram ao acidente", a expressão "até onde se sabe" constitui um _______.

    a. modalizador

    b. operador argumentativo

28. A palavra "né", que significa "não é", constitui um exemplo de _______ informal ou coloquial.

    a. figura

    b. registro

29. Quando dizemos alguma coisa em sentido _______, as palavras vão muito além dos seus usos primários, alcançando sentidos mais abstratos ou mais sofisticados.

    a. conotativo

    b. denotativo

30. Na frase "Levei bomba na prova de matemática!" ocorre _______.

    a. sinestesia

    b. metáfora

31. Na frase "Não diga inverdades!" ocorre _______.

    a. metonímia

    b. eufemismo

32. Enredo, narrador, personagens, tempo e espaço são ______.

    a. elementos da narrativa

    b. tipos de discurso

33. Ao personagem que age contra os interesses do personagem principal dá-se o nome de ______.

    a. protagonista

    b. antagonista

34. ______ é aquele em que a fala do narrador se confunde com a fala do personagem.

    a. Discurso indireto

    b. Discurso indireto livre

Aula 15

Escrita criativa

Chegamos à nossa penúltima aula. Não encare isso como um início de fim. Trata-se, na verdade, de um início mesmo. Você aprendeu (ou revisou, dependendo da sua história de vida) muitos conceitos relativos ao universo da escrita. Você já sabe o básico acerca das técnicas de redação – ou talvez saiba muito além disso, caso venha estudando outras obras além desta. Em outras palavras, você se preparou arduamente para uma jornada que se inicia agora: uma viagem pelo universo da escrita. Que tal colocar a mão na massa e dar asas à imaginação?

O que se propõe, nesta aula, é que você produza alguns textos – tantos quanto você quiser. Podem ser dois, sete, vinte e nove. O que importa é que você tenha vontade de redigir e que se sinta à vontade para usar as técnicas sobre as quais conversamos anteriormente.

A seguir, propõem-se alguns **temas** da vida contemporânea. Pense no **tipo** e no **gênero** mais apropriados para cada tema – lembrando sempre que as possibilidades são incontáveis. Faça o **planejamento** dos seus textos com calma. Tenha ideias, rabisque, enumere itens, faça esboços, utilize rascunhos. Pense nas seguintes questões: O que escrever? Qual o tamanho apropriado do texto (em número de palavras ou laudas)? Para quem escrever? Qual é a relevância do assunto? Há espaço para inovação e criatividade? Devo escrever meu texto à mão ou devo digitá-lo?

Se você não gostar dos temas aqui propostos, não hesite em alterá-los. Você pode inclusive substituí-los por assuntos completamente diferentes. Caso não concorde com esta sugestão, tentemos outra: pense que você não pode alterar os temas, pois eles representam desafios! Enfim, faça tudo como preferir. O que vale aqui é o ato da redação em si, e intenção é que esse ato seja livre (pelo menos parcialmente) e, sobretudo, criativo. Tenha certeza de que nenhum tema poderá detê-lo/la.

Redija os seus textos como, onde e quando preferir e, ao terminar, consulte a Aula 16 (que é a próxima e última aula deste curso) para fazer a **revisão final** das suas redações.

Acima de tudo, divirta-se!

REDAÇÃO	TEMA PROPOSTO	TIPO TEXTUAL	GÊNERO TEXTUAL
0	A tartaruga e a lebre	*Texto narrativo*	*Fábula*
1	O processo de envelhecimento e a possibilidade de desenvolver demência		

2	A proibição da distribuição de canudos de plástico: prós e contras		
3	Um mago e um feitiço que ocorre de forma errada		
4	Propostas para um ensino de matemática lúdico e motivador na educação fundamental		
5	Aquisição de língua estrangeira e aprendizagem de língua estrangeira: semelhanças e diferenças		
6	O mundo contemporâneo e a incessante produção de lixo: propostas de intervenção		
7	Planos para uma viagem futura		
8	Como auxiliar idosos a dominar o uso da internet com tranquilidade e eficiência		
9	Um amor não correspondido		
10	Formas de lidar com o luto		

11	Animais domésticos que não se comportam bem: o que fazer?		
12	Livros digitais e livros físicos: o que o futuro nos reserva?		
13	Um fato surpreendente que ocorreu na última semana		
14	As vantagens de fazer terapia		
15	Sedentarismo na infância		
16	Privacidade e internet		
17	Fome em um mundo repleto de alimentos		
18	Um futuro utópico		
19	Um futuro distópico		
20	Riscos da automedicação		
21	Para que pagamos impostos?		
22	Animais em extinção		
23	Aquecimento global		

Aula 16

Revisão de texto

Chegamos à última aula do nosso *Pequeno Manual de Redação*. Este é o momento em que você provavelmente dispõe de mais recursos para produzir o seu próprio texto – seja ele uma redação de uma única página ou uma trilogia de romances policiais de quinhentas páginas cada. Escreva o que quiser, mas nunca deixe de executar uma tarefa de primordial importância: a **revisão final** do seu texto.

Sem exageros, podemos dizer que a reputação de um autor está diretamente ligada à qualidade do processo de revisão que ele aplica à sua obra antes de torná-la disponível ao grande público. Claro que erros acontecem, mas negligência é algo a evitar. Todo e qualquer texto deve ser submetido, portanto, a uma criteriosa revisão, a fim de que o seu leitor receba uma obra correta e confiável. Se possível, a revisão deverá ser feita por duas pessoas, sendo uma delas o próprio autor do texto (neste caso, você!).

O questionário a seguir poderá ajudá-lo no processo de revisão. Para cada pergunta listada, você encontrará três opções de resposta: "sim", "não" e "não se aplica". Observe que as perguntas foram redigidas na primeira pessoa do discurso, simulando a voz do escritor, que faz indagações a respeito da sua própria produção textual.

Responda a cada pergunta de forma honesta. O seu objetivo deverá responder "sim" ao maior número de perguntas, pois as respostas afirmativas referem-se às características desejáveis de um texto. Sempre que a sua resposta for "não", verifique o seu texto e faça as alterações necessárias, de tal modo que o "não" da sua resposta (referente a um traço indesejável) se transforme em um "sim" (equivalente a uma característica desejável). Quando a sua resposta for "não se aplica", tente encontrar alguma justificativa (como "os itens personagens, enredo, clímax e desfecho não se aplicam à minha redação, pois o meu texto é do tipo argumentativo, e não do tipo narrativo").

Questões sobre a estrutura geral do texto

1. Meu texto possui início, meio e fim (ou introdução, desenvolvimento e conclusão)?

( ) Sim.   ( ) Não.   ( ) Não se aplica.

2. Meu texto, caso seja do tipo narrativo, possui personagens, enredo, clímax e desfecho?

( ) Sim.   ( ) Não.   ( ) Não se aplica.

Questões sobre o gênero textual

3. Meu texto possui as características fundamentais do seu gênero (como uso da 1ª ou 3ª pessoa, número adequado de palavras ou páginas, fonte apropriada, objetivos bem estabelecidos etc.)?

    ( ) Sim.   ( ) Não.   ( ) Não se aplica.

4. O leitor conseguirá reconhecer o gênero sem grandes dificuldades (por exemplo, conseguirá perceber que escrevi uma fábula, e não um conto de terror)?

    ( ) Sim.   ( ) Não.   ( ) Não se aplica.

Questões sobre sequências textuais

5. Meu texto apresenta sequências textuais bem marcadas (por exemplo, uma sequência narrativa em que os elementos narrativos mais básicos possam ser identificados)?

    ( ) Sim.   ( ) Não.   ( ) Não se aplica.

6. Havendo alguma sequência textual muito diferente do gênero ao qual pertence o texto (por exemplo, uma sequência argumentativa em um texto do tipo descritivo), essa distinção está sinalizada para o leitor de forma bem clara?

    ( ) Sim.   ( ) Não.   ( ) Não se aplica.

Questões sobre coerência textual

7. Minhas ideias estão claras e bem explicadas?

    ( ) Sim.   ( ) Não.   ( ) Não se aplica.

8. Meus argumentos são válidos?

    ( ) Sim.   ( ) Não.   ( ) Não se aplica.

9. Meus argumentos são fortes e fundamentados?

    ( ) Sim.   ( ) Não.   ( ) Não se aplica.

10. Para cada argumento, há pelo menos um exemplo (seja ele real ou hipotético)?

    ( ) Sim.   ( ) Não.   ( ) Não se aplica.

11. As ideias de outras pessoas estão sinalizadas como tal (para que o meu leitor saiba que essas ideias não são minhas)?

    ( ) Sim.   ( ) Não.   ( ) Não se aplica.

12. Quando discordo das ideias de outras pessoas, deixo isso claro para o leitor?

    ( ) Sim.   ( ) Não.   ( ) Não se aplica.

13. Meu texto está livre de contradições?

( ) Sim.   ( ) Não.   ( ) Não se aplica.

14. Meu texto está livre de sofismas?

( ) Sim.   ( ) Não.   ( ) Não se aplica.

15. Meu texto está livre de argumentações redundantes?

( ) Sim.   ( ) Não.   ( ) Não se aplica.

16. Meu texto está livre de falsas causas?

( ) Sim.   ( ) Não.   ( ) Não se aplica.

17. Meu texto está livre de argumentos de autoridade?

( ) Sim.   ( ) Não.   ( ) Não se aplica.

18. Meu texto está livre de generalizações apressadas?

( ) Sim.   ( ) Não.   ( ) Não se aplica.

19. Meus personagens agem de acordo com o que se espera deles?

( ) Sim.   ( ) Não.   ( ) Não se aplica.

20. As datas e as ações mencionadas em meu texto foram verificadas para que não haja sobreposições, contradições ou outros tipos de erros?

( ) Sim.   ( ) Não.   ( ) Não se aplica.

21. Minha conclusão condiz com o desenvolvimento do meu texto?

( ) Sim.   ( ) Não.   ( ) Não se aplica.

22. Minhas frases são claras e precisas, de modo a evitar ambiguidades?

( ) Sim.   ( ) Não.   ( ) Não se aplica.

23. Evito fugir do tema ou divagar desnecessariamente?

( ) Sim.   ( ) Não.   ( ) Não se aplica.

24. Se é inevitável sair do assunto em algum trecho do texto, o assunto principal é retomado posteriormente (em vez de esquecido ou abandonado)?

( ) Sim.   ( ) Não.   ( ) Não se aplica.

Questões sobre coesão textual

25. Minhas frases não são nem muito curtas, nem muito longas, mas adequadas às ideias que elas expressam?

( ) Sim. ( ) Não. ( ) Não se aplica.

26. Os sujeitos estão imediatamente ligados (ou pelo menos relativamente próximos) aos seus predicados, facilitando para o leitor a identificação de ambas partes da oração?

( ) Sim. ( ) Não. ( ) Não se aplica.

27. Uso diversos elementos de coesão (tais como pronomes e sinônimos) para fazer referência a trechos previamente mencionados em meu texto?

( ) Sim. ( ) Não. ( ) Não se aplica.

28. Uso variados elementos de coesão (tais como os pronomes demonstrativos) para fazer referência a trechos posteriormente mencionados em meu texto?

( ) Sim. ( ) Não. ( ) Não se aplica.

29. Uso diversos elementos de coesão para fazer referência a elementos externos ao meu texto?

( ) Sim. ( ) Não. ( ) Não se aplica.

30. Escolho e emprego os operadores argumentativos (como advérbios, conjunções etc.) que melhor servem para explicitar as relações que há entre as várias ideias presentes no meu texto?

 ( ) Sim. ( ) Não. ( ) Não se aplica.

31. O vocabulário empregado no meu texto é rico e variado, sem que haja repetições desnecessárias?

 ( ) Sim. ( ) Não. ( ) Não se aplica.

32. As palavras empregadas no meu texto foram criteriosamente selecionadas, de modo acurado (isto é, evitando a imprecisão dos termos usados)?

 ( ) Sim. ( ) Não. ( ) Não se aplica.

33. Uso a elipse como uma ferramenta que me auxilia a evitar repetições desnecessárias?

 ( ) Sim. ( ) Não. ( ) Não se aplica.

34. Emprego os tempos verbais com precisão e uniformidade, sem passar de um tempo verbal a outro de forma desnecessária ou ineficiente?

 ( ) Sim. ( ) Não. ( ) Não se aplica.

35. Ao narrar as ações dos meus personagens em uma ordem não-cronológica, recorro aos tempos verbais mais adequados e também a advérbios de tempo e de frequência (para indicar, por exemplo, se uma determinada ação ocorreu antes ou depois de outra)?

( ) Sim.   ( ) Não.   ( ) Não se aplica.

36. Nas sequências narrativas em que há diálogos, meu leitor é capaz de saber com precisão qual personagem está associado a cada fala?

( ) Sim.   ( ) Não.   ( ) Não se aplica.

37. O narrador da minha história usa verbos variados (tais como *dizer*, *falar*, *perguntar*, *indagar*, *questionar*, *contestar*, *pedir*, *exigir*, *ordenar*, *gritar*, *berrar*, *sussurrar*, *implorar*, *suplicar*, *rogar*, *pregar*, *exclamar*, *avisar*, *anunciar*, *sugerir*, *recomendar*, *informar*, *pensar*, *resmungar*, *reclamar*, *insinuar*, *ponderar*, *responder*, *confirmar*, *repetir*, *chamar* etc.) para introduzir as falas dos personagens?

( ) Sim.   ( ) Não.   ( ) Não se aplica.

Questão sobre modalização

38. Minhas frases encontram-se devidamente modalizadas, a fim de que meu texto se abstenha de proferir fatos sem comprovação e/ou falsas acusações?

( ) Sim.　　　　( ) Não.　　　　( ) Não se aplica.

Questões sobre níveis de linguagem

39. Escrevo de acordo com as regras da gramática normativa (norma culta) sempre que isso se faz possível, apropriado ou necessário?

( ) Sim.　　　　( ) Não.　　　　( ) Não se aplica.

40. Estabeleço diferenças evidentes entre o que considero formal e o que considero coloquial?

( ) Sim.　　　　( ) Não.　　　　( ) Não se aplica.

41. Ignoro propositalmente a norma culta da língua para evidenciar os aspectos sociais, culturais ou individuais de um personagem?

( ) Sim.　　　　( ) Não.　　　　( ) Não se aplica.

42. A linguagem empregada no meu texto está adequada ao meu público-alvo (de tal forma que não esteja nem fácil nem difícil para o meu leitor)?

( ) Sim.   ( ) Não.   ( ) Não se aplica.

43. A forma como eu digo as coisas parece apropriada, sem ofender, julgar, assustar ou menosprezar o meu público-alvo?

( ) Sim.   ( ) Não.   ( ) Não se aplica.

44. Escrevo de uma forma que não subestime a inteligência do meu leitor?

( ) Sim.   ( ) Não.   ( ) Não se aplica.

45. Escrevo de um modo que não requeira um conhecimento especializado da parte do meu leitor (quando este é leigo no assunto tratado no meu texto)?

( ) Sim.   ( ) Não.   ( ) Não se aplica.

Questões sobre estilo

46. Meu texto é original?

( ) Sim.   ( ) Não.   ( ) Não se aplica.

47. A forma como escrevo reflete a personalidade que desejo projetar?

( ) Sim.   ( ) Não.   ( ) Não se aplica.

48. Sinalizo para o leitor (ainda que muito indiretamente) a presença de humor, ironia, sarcasmo, brincadeira, piada etc.?

( ) Sim.   ( ) Não.   ( ) Não se aplica.

49. Uso com propriedade as figuras de estilo (como a metáfora, a metonímia, a hipérbole, a onomatopeia, a prosopopeia etc.) a fim de empregar expressividade ao que digo?

( ) Sim.   ( ) Não.   ( ) Não se aplica.

50. Todos os estrangeirismos e as estruturas sintáticas importadas de outros idiomas (como o uso de preposições em fim de frase, influenciado pela língua inglesa) foram empregados intencionalmente (em vez de acidentalmente)?

( ) Sim.   ( ) Não.   ( ) Não se aplica.

51. Quando necessário, adoto um pseudônimo ou um heterônimo a fim de desvincular o meu texto da minha identidade real e, ao mesmo tempo, associá-lo a um autor imaginário (diferente da minha pessoa física)?

( ) Sim.   ( ) Não.   ( ) Não se aplica.

Questões sobre aspectos mecânicos do texto

52. Todas as frases do meu texto estão completas (ou finalizadas)?

( ) Sim.   ( ) Não.   ( ) Não se aplica.

53. Meu texto está livre de palavras ou frases duplicadas?

( ) Sim.   ( ) Não.   ( ) Não se aplica.

54. Todos os verbos estão concordando com seus sujeitos?

( ) Sim.   ( ) Não.   ( ) Não se aplica.

55. Todos os sujeitos unidos imediatamente aos seus predicados estão livres de vírgulas indesejáveis?

( ) Sim.   ( ) Não.   ( ) Não se aplica.

56. As flexões de gênero (masculino e feminino) e de número (singular e plural) estão corretas?

( ) Sim.   ( ) Não.   ( ) Não se aplica.

57. Meu texto possui estruturas paralelas (isto é, tende ao paralelismo, mantendo as mesmas características em trechos que exercem as mesmas funções)?

( ) Sim.   ( ) Não.   ( ) Não se aplica.

58. Todos os parênteses, colchetes, chaves, e aspas que foram abertos foram também fechados?

( ) Sim.   ( ) Não.   ( ) Não se aplica.

59. Todas as frases foram pontuadas de maneira adequada?

( ) Sim.   ( ) Não.   ( ) Não se aplica.

60. Foram empregadas letras maiúsculas em início de frase e em nomes próprios?

( ) Sim.   ( ) Não.   ( ) Não se aplica.

61. Todas as palavras foram acentuadas graficamente de acordo com as regras de acentuação vigentes?

( ) Sim.   ( ) Não.   ( ) Não se aplica.

62. Há espaços entre todas as palavras, sem que duas palavras apareçam coladas uma à outra?

( ) Sim.   ( ) Não.   ( ) Não se aplica.

63. Meu texto está livre de espaços duplos?

( ) Sim.   ( ) Não.   ( ) Não se aplica.

64. Ao recorrer ao discurso direto, indico as falas dos meus personagens através de travessões (ou aspas)?

( ) Sim. ( ) Não. ( ) Não se aplica.

65. Indico as palavras estrangeiras, inventadas ou incorretas através do itálico (ou aspas)?

( ) Sim. ( ) Não. ( ) Não se aplica.

66. Nas citações, os autores receberam o devido crédito (para que eu não seja acusado de plágio e, principalmente, para valorizar o esforço alheio)?

( ) Sim. ( ) Não. ( ) Não se aplica.

67. Meu texto está livre de erros de ortografia e de digitação (que poderiam confundir o leitor ou até mesmo colocar em xeque a minha credibilidade ou a do meu texto)?

( ) Sim. ( ) Não. ( ) Não se aplica.

68. As fontes empregadas (sóbrias ou extrovertidas, serifadas ou não serifadas, coloridas ou monocromáticas etc.) se adequam ao gênero proposto e ao público-alvo?

( ) Sim. ( ) Não. ( ) Não se aplica.

69. Todos os parágrafos se iniciam na mesma direção (isto é, com tabulação igualmente ajustada para todos), sem que alguns comecem antes ou depois dos outros?

( ) Sim.   ( ) Não.   ( ) Não se aplica.

70. As páginas estão numeradas sem repetições ou outros equívocos?

( ) Sim.   ( ) Não.   ( ) Não se aplica.

71. As características de organização e diagramação se mostram consistentes ao longo de todo o meu texto (isto é, as características visuais do meu texto não mudam de um trecho para outro ou de uma página para outra, tendo sido empregadas muito criteriosamente)?

( ) Sim.   ( ) Não.   ( ) Não se aplica.

72. Meu texto se apresenta no formato mais apropriado ou recomendado (por exemplo, disponibilizado *online* se o público-alvo for composto por internautas, impresso em papel sulfite se for um texto acadêmico solicitado por um professor, publicado em *e-book* e em brochura se tiver finalidades literárias etc.)?

( ) Sim.   ( ) Não.   ( ) Não se aplica.

73. Meu texto apresenta informações básicas (tais como nome do autor, data de produção e/ou de publicação, título, texto de quarta capa, texto de orelhas, folha de rosto, sinopse, catalogação na fonte, resumo ou *abstract*, lista de palavras-chave, prólogo etc., sempre satisfazendo as necessidades do gênero ao qual pertence), de modo que o leitor possa identificá-lo facilmente e/ou de modo que um bibliotecário consiga catalogá-lo e guardá-lo na seção correta de uma biblioteca?

( ) Sim.   ( ) Não.   ( ) Não se aplica.

Gabarito

Nesta seção você encontrará as respostas para todas as atividades propostas. Observe que algumas atividades permitem mais de uma resposta possível – ou seja, se a sua resposta não estiver idêntica ao do gabarito, ela pode estar certa ou errada. Você certamente terá a habilidade de fazer esse julgamento de maneira adequada. Note, também, que as soluções de exercícios que demandam pesquisa e/ou criatividade não constarão desta chave de respostas, mas serão indicadas com os dizeres "resposta aberta".

AULA 1

1. Para determinar o gênero de um texto, podemos observar o público-alvo ao qual se destina o texto, as fontes tipográficas usadas, o nível de linguagem empregado (formal ou coloquial) e o meio ou veículo em que o texto é publicado ou veiculado.

2.

a. conto de fadas

b. fábula

c. manual de instruções

d. placa, bilhete ou cartaz de aviso

e. *e-mail* corporativo

f. verbete de dicionário

3.

a. número reduzido de palavras; linguagem direta

b. jargão de restaurante; indicação de preços ao lado de nomes de pratos

c. escrita feita à mão; uso de clipes, adesivos, trechos marcados

d. localizado nas primeiras páginas da publicação; assinado pelo redator-chefe

e. personagens animais personificados; histórias com moral

f. texto curto; jargão da astrologia; ilustrações referentes aos signos

g. presença de uma manchete; layout específico do gênero; fotos com legendas

h. estrofes; versos; rimas; ritmo

i. texto longo; informações detalhadas; caráter informativo

j. referência a conteúdos externos ao texto; opinião do autor

k. texto longo; caráter literário; enredo; personagens; narrador; clímax

4. F

AULA 2

1. Os gêneros textuais são inúmeros. Os tipos textuais são poucos. Para cada tipo textual que existe, são vários os gêneros possíveis.

2.

    a. (2)

    b. (4)

    c. (3)

    d. (5)

    e. (1)

3.

    a. texto de perfil em rede social, seção "Quem sou?" de *blog*, seção "Quem somos" de *site* corporativo

    b. dissertação escolar, ensaio

    c. texto didático, verbete de dicionário, verbete de enciclopédia

    d. manual de instruções, edital, texto publicitário

    e. piada, romance, conto

4.

    a. tipo narrativo

    b. tipo instrucional ou injuntivo

    c. tipo expositivo ou explicativo

d. tipo argumentativo

e. tipo descritivo

5. Respostas abertas.

AULA 3

1. *Tipos*: narrativo; descritivo; argumentativo; expositivo ou explicativo; instrucional ou injuntivo. *Sequências*: narrativa; descritiva; argumentativa; expositiva ou explicativa; instrucional ou injuntiva.

2.

a. (5)

b. (3)

c. (1)

d. (4)

e. (2)

3.

a. narrativo

b. narrativo

c. instrucional ou injuntiva

d. descritivo

e. instrucional ou injuntiva

f. expositivo ou explicativo

g. descritivo / instrucional ou injuntivo

h. argumentativo

4.

a. Predomina o pretérito imperfeito do indicativo (*era*, *fazia*, *tinha*, *pesava*...).

b. Adjetivos:

- a máscara de folha-de-flandres: pesada, grotesca.
- a coleira: grossa.
- a haste da coleira: grossa.

c. A sequência é descritiva. Machado usa diversos adjetivos e locuções adjetivas para descrever alguns instrumentos de tortura usados durante a escravidão.

5. Resposta aberta.

AULA 4

1. Coerência significa "harmonia entre fatos ou ideias".

2. Coerência textual é a apresentação harmônica do conteúdo e das ideias de um texto. Quando as ideias fazem sentido de forma lógica, o texto é *coerente*. Quando as ideias entram em conflito, o texto é *incoerente*.

3.

    a. (2)

    b. (3)

    c. (1)

    d. (4)

    e. (5)

4.

    a. (3)

    b. (4)

    c. (4)

    d. (4)

    e. (2)

    f. (4)

    g. (5)

    h. (1)

5.

    a. *A prova não estava nada fácil; <u>estava difícil</u>.* A prova não estava nada fácil.

b. *Lúcio queria ler a carta, então pôs os óculos <u>para poder enxergar melhor</u>.* Lúcio queria ler a carta, então pôs os óculos.

c. *Comeram a sobremesa <u>depois de</u> degustarem o prato principal.* Degustaram o prato principal e comeram a sobremesa.

d. *Quando os meninos entraram <u>para o interior do</u> edifício, ouviram um estrondo.* Quando os meninos entraram no edifício, ouviram um estrondo.

e. *A viúva, <u>cujo marido já havia falecido</u>, era uma <u>mulher</u> nervosa, de poucos amigos.* A viúva era uma pessoa nervosa, de poucos amigos.

f. *Mário guardou na geladeira os alimentos e as bebidas, <u>que necessitavam de refrigeração</u>.* Mário guardou na geladeira os alimentos e as bebidas.

g. *Andréa ia ao colégio todos os dias <u>pedalando</u> em sua bicicleta.* Andréa ia ao colégio todos os dias em sua bicicleta.

h. *Marcela preferiu não convidar seu ex-marido, <u>de quem ela havia se separado anteriormente</u>.* Marcela preferiu não convidar seu ex-marido.

i. *Maria Eduarda gostava de planejar-se <u>para o futuro</u>, o que irritava profundamente seu companheiro.* Maria Eduarda gostava de planejar-se, o que irritava profundamente seu companheiro.

j. *Por mais que o professor insistisse, os alunos não queriam repetir o exercício <u>outra vez</u>.* Por mais que o professor insistisse, os alunos não queriam repetir o exercício.

k. *A festa <u>surpresa</u> foi algo inesperado para Cristina.* A festa foi algo inesperado para Cristina.

l. *Não gosto muito de filmes baseados em fatos <u>reais</u>.* Não gosto muito de filmes baseados em fatos.

m. *Nossa loja possui inúmeras opções <u>diferentes</u> de produtos.* Nossa loja possui inúmeras opções de produtos.

n. *Ângela explicou que tinha esquecido o aniversário de Carlos <u>sem querer</u>.* Ângela explicou que tinha esquecido o aniversário de Carlos.

AULA 5

1. A coesão consiste na conexão e na organização das ideias por meio de palavras. A coesão se manifesta no plano mais superficial do texto, onde se encontram as estruturas coesivas, tais como os pronomes, os advérbios, os sinônimos e as conjunções.

2. A coerência opera no campo das ideias lógicas. A coesão opera no plano linguístico, do texto.

3.

a. Predomina o tipo explicativo ou expositivo.

b. Ordem:

    a. (8)

    b. (3)

    c. (1)

    d. (2)

    e. (6)

    f. (5)

    g. (7)

    h. (4)

c. "Hoje, muitas pessoas argumentam que a regressão do nome brasileiro Puff para o inglês Pooh se deve a uma tendência à internacionalização dos nomes dos personagens." (Sexto parágrafo)

d. B

AULA 6

1.

	exófora	
REFERÊNCIA		
	endófora	anáfora
		catáfora

2.

a. catáfora

b. exófora

c. exófora

d. anáfora

e. anáfora

f. exófora

3.

a. Estefânia viajou para Tóquio e levou muitas malas para lá.

b. Acho que a Marta não está bem de saúde, mas ela não.

c. Comprei dez livros na Bienal. Meu irmão, treze.

d. No fim de semana passado fui ao clube com vocês, mas neste não poderei.

e. Pedro dividiu a sala de estar em dois ambientes. Também estou querendo fazer isso. / Pedro dividiu a sala de estar em dois ambientes. Estou querendo fazer o mesmo.

f. Quando comecei a aplaudir de pé, todos os que estavam no salão começaram a fazer o mesmo.

4.

a. Refere-se a "a casa em que moro". Trata-se de referenciação anafórica, pois o termo "casa" havia sido mencionado anteriormente.

b. Refere-se a "um desejo tão particular". Trata-se de referenciação anafórica, pois o termo "casa" havia sido mencionado anteriormente.

c. Refere-se a "a casa em que moro". A partícula "lhe" exerce a função de objeto indireto. Trata-se de referenciação anafórica, pois o termo "casa" havia sido mencionado anteriormente.

d. Inserem-se aqui os prováveis termos omitidos por Machado através de elipses: "economia daquela outra [casa]"; "Na [sala] principal destas [casas]"; "com a [vida] exterior".

e. A repetição, neste caso, é estilística, pois não há uma razão gramatical que a justifique. O autor provavelmente teve a intenção de enfatizar o caráter "velho" da roupa e da mobília.

f. Resposta aberta.

5.

a. feliz, contente
b. estudante
c. belo, formoso
d. músico
e. treco
f. adquirir
g. fundamental
h. equilíbrio
i. discórdia, peleja, confronto
j. língua
k. pessoa, cidadão
l. interrogar, indagar
m. instrutor, mestre

6.

a. profissional

b. mês

c. roupa

d. bebida

e. equipamento

f. feriado, data comemorativa

g. país

h. ciência, área do conhecimento

i. prato, comida, receita

j. planeta

k. cidade (ou estado), lugar

l. loja, comércio

m. móvel, mobília

7.

a. carrinho, dominó

b. tênis, sapatilha

c. milho, arroz

d. batata frita, feijão

e. celular, ar condicionado

f. verão, outono

g. galego, castelhano

h. açúcar, leite em pó

i. urso, baleia

j. física, biologia

k. água, cloreto de sódio

l. cominho, cebolinha, coentro

m. carro, ônibus, bonde

8. Resposta aberta.

9. Resposta aberta.

AULA 7

1.

a. mas (contraposição)

b. entretanto (contraposição)

c. até porque (pressuposição)

d. quer dizer (ratificação ou esclarecimento)

e. porque (explicação)

f. em decorrência das (causa)

g. tanto... como (comparação)

h. como (exemplificação)

i. ainda assim (contraposição)

2.

a. Você fez todos os cálculos, <u>porém</u> não prestou atenção aos sinais negativos.

b. Rosana estudou para todas as provas. <u>Apesar disso</u>, tirou notas baixas em algumas.

c. As emissoras de televisão nacionais estão investindo cada vez mais em suas grades de programação, <u>inclusive porque</u>, se não o fizessem, certamente perderiam audiência.

d. As briófitas são organismos eucariontes – <u>isto é</u>, são seres que possuem carioteca (membrana nuclear).

e. Eu fiz um bolo de cenoura, <u>já que</u> você disse que gostava.

f. A rua foi interditada <u>por causa das</u> fortes chuvas.

g. Eles <u>tanto</u> me humilharam <u>quanto</u> me agrediram fisicamente.

h. Animais domésticos – <u>tais como</u> cães, gatos, peixes e pássaros – precisam de cuidados especiais.

i. As vacinas são comprovadamente eficazes contra diversas doenças. <u>Mesmo assim</u>, todos os anos muitas pessoas deixam de vacinar-se.

3.

a. Resenha crítica.

b. Contraposição.

c. Contraste. Poderia ser usado o operador "ao passo que".

d. Conclusão. Poderiam ser usados os operadores "assim", "deste modo", "pois" etc.

e. Anos e números muito altos geralmente aparecem na forma de algarismos. Números mais baixos ou em início de frase costumam ser escritos por extenso.

f. O uso de itálico indica que o termo empregado é estrangeiro.

g. Tais números indicam os anos em que as pessoas mencionadas nasceram e faleceram, nessa ordem.

h. Poderiam ser usados "até aquele momento", "até aquela época", "até aquele período" etc.

i. As reticências, nesse trecho, criam expectativa e causam surpresa no leitor.

j. Os travessões, nesse trecho, servem para isolar uma opinião do autor do restante da frase.

k. Pressuposição.

l. Explicação.

m. Catafórico, pois refere-se a um termo mencionado posteriormente: "o historiador e crítico de cinema Leonard Maltin".

n. Ponto e vírgula.

o. "Por fim".

p. "Apesar de". A frase poderia ser reescrita desta maneira: "Embora muito se tenha pesquisado, não foram encontradas informações sobre quaisquer versões para o mercado brasileiro."

q. Contraposição.

4.

a. Por mais que estivéssemos cansados, continuamos a caminhada.

b. Conforme fui ficando mais velho, fui perdendo a vontade de estudar medicina.

c. Desde que não chova, conseguiremos chegar cedo.

d. Por mais que o assaltante conseguisse efetuar um disparo, o policial conseguiu imobilizá-lo.

e. Assim que o avião decolou, as crianças começaram a chorar.

f. <u>Se</u> você deixar as panquecas por muito tempo na frigideira, elas certamente vão queimar.

g. Aquele cachorro é muito perigoso. <u>Por isso</u>, é melhor você não se aproximar dele.

h. Eu fiz tudo <u>exatamente como</u> o diretor me pediu.

i. Jônatas tem tudo para ser feliz, <u>mas</u> só vive reclamando.

j. Maristela trabalhou <u>tanto</u> que acabou desmaiando.

k. Não desligue, <u>pois</u> ainda tenho algo muito importante a dizer.

l. Neste texto explicarei, <u>primeiramente</u>, o que é o Código de Defesa do Consumidor. A seguir, apresentarei um breve histórico do Código. Finalmente, darei instruções para a utilização do Código no dia a dia de uma empresa.

m. Você vai ao mercado <u>ou</u> vai ficar em casa?

n. Vou à sua casa no mês que vem. <u>Quer dizer</u>, se você concordar!

5.

a. (I)

b. (C)

c. (C)

d. (I)

e. (I)

f. (I)

g. (I)

h. (C)

AULA 8

1.

    a. Quem estava correndo, João ou o ladrão?

    b. Patrão de quem? Tio de quem?

    c. Era uma loja de calçados ou era a Alice quem estava usando calçados?

    d. Cadeiras do corpo ou da sala?

    e. Que região sofreu o atentado, o local do bairro ou o bairro inteiro?

    f. Quantos assentos ou quantos estabelecimentos?

    g. Ele pediu para ele sair mais cedo ou para ela sair mais cedo?

    h. Quem usa o celular ao volante pode matar sem querer ou tem permissão para matar?

    i. Francisco viu Carlos com o irmão de Francisco ou de Carlos?

    j. Vendo do verbo *ver* (*estou vendo*) ou do verbo *vender* (*eu vendo*)?

    k. Celebra 50 anos de idade? Celebra cantando? Ou 50 anos cantando?

    l. Não gosto de pessoas chatas como você, que é chato? Ou como você, que, como eu, também não gosta de pessoas chatas?

    m. Quinta-feira ou Quinta da Boa Vista?

    n. É a cadela que pertence à vizinha? Ou a vizinha é uma cadela?

o. Por que você está literalmente aspirando a canela? Ou você está com odor de canela?

p. Quem estava alcoolizada?

q. O doce? Ou literalmente um pé de garoto?

2.

a. Não.

b. Não.

c. Não.

d. A frase "O suspeito subiu no muro do **imóvel** e, pelo quintal, pulou para dentro da **residência**." é a mais precisa. O que provavelmente ocorreu primeiro foi o ato de pular no imóvel (que consiste na soma da residência com o quintal), para somente depois ocorrer o ato de pular para dentro da residência (casa).

e. Não. O texto não diz se as mulheres são mãe e filha do homem suspeito, apesar de sabermos que o mais provável é que elas não tenham relação de parentesco com ele. Algum leitor poderia compreender que o homem fez mal à sua própria mãe e à sua própria filha.

f. Não. Ambas as mulheres são vítimas no fato relatado. Portanto, a palavra "vítima", no singular, não é suficiente para distingui-las.

g. Os sujeitos possíveis são "ela" (a vítima) ou "ele" (o suspeito).

h. "Ela" pode referir-se tanto à mãe quanto à filha.

i. "Seu" pode referir-se à mulher mais jovem, à mulher mais velha, ou até mesmo a ambas (pois o "pai" poderia ser pai de ambas). O autor do texto provavelmente se referia à mulher mais jovem ("filha").

j. Poderiam ser usados os termos "contactado" ou "chamado".

k. "Ele" pode referir-se ao suspeito ou ao pai. Para que o texto se encerre de forma coerente, supomos que seja o suspeito.

AULA 9

1. Modalização é uma marca que o autor aplica em seus enunciados para alterá-los de diversas maneiras. Essa alteração se deve à obrigação de não dizer inverdades, não generalizar, não exagerar, não acusar em falso, não transformar uma opinião em um fato, entre outras motivações.

2. Opção B. Nessa frase, o autor sugere que o produto provavelmente não provocará alergia. Ele não exclui totalmente a possibilidade de o produto provocar alergia.

3.

a. *Modalizadores epistêmicos*: com certeza, é impossível que, é possível que, eu acho, provavelmente, sem sombra de dúvida, talvez.

b. *Modalizadores deônticos*: é essencial, é obrigatório, é preciso que, faz-se necessário.

c. *Modalizadores apreciativos*: ainda bem que, curiosamente, é uma pena que, estranhamente, felizmente, francamente, infelizmente, sinceramente.

4.

a. O professor deve dar duas avaliações ao longo do semestre.

b. O resultado da equação pode estar correto.

c. Ela é irresponsável, infelizmente.

d. Acredito que chova.

e. Todos os moradores devem lembrar-se de fechar o portão ao sair.

f. Sem sombra de dúvida, esses biscoitos não contêm glúten.

g. Vamos receber uma multa, provavelmente.

h. Ainda bem que todos os pais e responsáveis compareceram à reunião!

i. Devo chegar atrasado.

j. É preciso que você se alimente a cada três horas.

k. É essencial que os clientes paguem a mensalidade em dia.

AULA 10

1. Registro é uma variante linguística condicionada pelo grau de formalidade que se pretende alcançar.

2.

    a. adiamento

    b. apreensão

    c. aproximação

    d. aturdimento

    e. compreensão

    f. confirmação

    g. consentimento

    h. corrupção

    i. decisão

    j. demonstração

    k. derretimento

    l. empenho

    m. escrita

    n. exemplificação

    o. fala

    p. inauguração

    q. luta

    r. prescrição

    s. ruptura

3.

a. alegria
b. altruísmo
c. beleza
d. dignidade
e. doença
f. espessura
g. felicidade
h. grandeza
i. honestidade
j. idiotice
k. inveja
l. juventude
m. maravilha
n. medo
o. otimismo
p. pequenez
q. pobreza
r. riqueza
s. tristeza

4.

a. (C)
b. (F)
c. (C)
d. (C)
e. (C)
f. (F)

g. (F)

h. (C)

i. (C)

j. (C)

k. (C)

l. (F)

m. (F)

n. (F)

o. (F)

p. (C)

q. (C)

r. (F)

AULA 11

1. A denotação leva em consideração apenas os sentidos mais básicos das palavras. Já a conotação está associada a sentidos mais abstratos ou sofisticados.

2. As figuras de estilo são recursos que permitem que o escritor expressar uma ideia em sentido figurado, conferindo mais expressividade ao texto e obrigando o leitor a submergir a um segundo plano de leitura.

3. Metáfora conceptual equivale a pensamento metafórico. Expressão metafórica é a ocorrência concreta da metáfora no plano da linguagem.

4. Resposta aberta.

AULA 12

1. Narração é o ato de contar algo, de relatar.

2. Enredo, narrador, personagens, tempo e espaço.

3. Discurso direto, discurso indireto e discurso indireto livre. Discurso direto é aquele em que as falas dos personagens são transcritas de forma exata. Discurso indireto é aquele em que o narrador toma a liberdade de parafrasear o que foi dito pelos personagens. Discurso indireto livre é aquele em que a fala do narrador se confunde com a fala do personagem.

4.

    a. Conto.
    b. Terceira.
    c. Narrador observador.

d. Discurso direto.

e. Presente do indicativo.

f. Em uma estrada no interior do estado do Rio de Janeiro, uma mulher estava encostada em uma cerca quando um carro de luxo parou ao seu lado e dele desceu um homem de estatura média, cabelos pretos, pele branca, que aparentava ter uns quarenta anos. Assim que desceu do carro, o homem olhou para onde a mulher estava – mais precisamente para o rebanho de vacas atrás dela. Após uma boa analisada, o homem se aproximou da mulher e eles começaram a conversar.

5.

a. Uma história é contada no texto; há um intenso uso de verbos, em variados tempos verbais; há um narrador.

b. Romance da literatura infantil.

c. Primeira.

d. Narrador personagem.

e. A mulher que matou os peixes.

f. Presente do indicativo (*sou*, *juro*, *tenho*, *deixo*...) e pretérito do indicativo (*matou*, *foi*, *matei*...). A narradora está mantendo um diálogo com o leitor, no presente, acerca de acontecimentos do passado.

6. Resposta aberta.

AULA 13

1. Os aspectos mecânicos são aqueles que garantem a correção no nível mais superficial do texto. São considerados mecânicos os elementos como a ortografia, a pontuação, a acentuação, e algumas regras da gramática prescritiva (por exemplo, a aplicação do princípio do paralelismo).

2. Possível resposta:

Os aspectos mecânicos de um texto, quando corretos e precisos, possibilitam que o leitor usufrua do texto de maneira fluida e eficiente. Um texto com defeitos superficiais será, provavelmente, de difícil leitura, o que pode causar um desinteresse do leitor pela obra e até mesmo afetar negativamente a reputação do autor.

3. verão – sexta-feira – Idade Média – Lei Áurea – novembro – argentino – geografia – deputado – Natal – Dia da Bandeira – Maria Eduarda – Revolução Francesa – fim de semana

4.

    a. Quando ocorreu a Revolução Francesa?

    b. Por que você não veio à aula ontem?

    c. Vamos comprar cinco cachorros-quentes, dois hambúrgueres e uma Coca-Cola grande.

5.

a. Eu estudo de terça a sexta-feira.

b. Eu preciso de pimentões, orégano, cebolinha, salsinha e pimenta-do-reino.

c. Os materiais de escritório mais vendidos na nossa loja são cadernos, lápis, canetas, fitas adesivas e lapiseiras, nessa ordem.

d. Este artigo trata das relações de convivência estabelecidas entre diretores e funcionários, professores e alunos, responsáveis e professores, diretores e professores, e professores e demais funcionários da escola.

e. Eu, Fernanda Manuela, cabeleireira e colorista especializada em corte e em química capilar, vou adorar cuidar dos seus cabelos. *(Note-se que, apesar de esta nova configuração da frase obedecer ao princípio do paralelismo, ainda resta um problema a resolver: a ocorrência de redundância no trecho "cabeleireira [...] especializada em corte". Assim, propõe-se uma reestruturação total da frase, desta maneira: "Eu, Fernanda Manuela, profissional especializada em corte e em coloração química, vou adorar cuidar dos seus cabelos").*

AULA 14

1. a

2. b

3. b

4. b

5. a

6. b

7. b

8. a

9. a

10. b

11. a

12. b

13. b

14. b

15. b

16. b

17. a

18. b

19. b

20. a

21. a

22. a

23. b

24. b

25. a

26. a

27. a

28. b

29. a

30. b

31. b

32. a

33. b

34. b

Sobre o autor

Leandro Leiroz é professor de inglês, espanhol, francês, português, literatura e redação. Atua na área da educação desde o ano de 2002. Suas experiências passam pelo Programa de Línguas Estrangeiras e Modernas da Universidade Federal Fluminense (Prolem/UFF), pelo Centro Cultural Anglo Americano (CCAA) e pela Cultura Inglesa. Concluiu sua licenciatura em Letras Português-Inglês pela Universidade Federal Fluminense (UFF) no ano de 2012. *Pequeno Manual de Redação* é sua primeira publicação didática.

www.ingramcontent.com/pod-product-compliance
Lightning Source LLC
Chambersburg PA
CBHW021956120726

47992CB00001B/281